Franz Kopállik

Aus unserer Vaterstadt

50 OriginalIllustrationen zur Erweiterung Wiens

Franz Kopállik

Aus unserer Vaterstadt
50 OriginalIllustrationen zur Erweiterung Wiens

ISBN/EAN: 9783743479005

Hergestellt in Europa, USA, Kanada, Australien, Japan

Cover: Foto ©ninafisch / pixelio.de

Manufactured and distributed by brebook publishing software (www.brebook.com)

Franz Kopállik

Aus unserer Vaterstadt

AUS UNSERER VATERSTADT.

Aus unserer Vaterstadt.

50 Original-Illustrationen

zur

Erweiterung Wiens

von

Prof. Franz Kopallik
Mitglied der Wiener Künstler-Genossenschaft.

Mit erläuterndem Texte
von
A. Groner.

Wien, 1892.
Verlag von Johann L. Bondi

Druck von Johann L. Bondi, Wien, VII., Stiftgasse 3.

VORWORT.

Die Vereinigung der Vororte Wiens mit der Stadt, die jüngste und bedeutendste Vergrösserung derselben, hat die Verfasser angeregt, einzelne Objecte aus den Zeiten der vielen, seit dem Bestehen unserer Vaterstadt urkundlich nachgewiesenen Erweiterungen in Wort und Bild darzustellen.

Dass die gebotenen Illustrationen nicht genügend sind, eine vollständige Darstellung aller Erweiterungen zu bieten, ist mit Rücksicht auf den beschränkten Umfang dieses Werkes erklärlich. Sie haben auch nur den Zweck, eine Anzahl markanter Objecte zu veranschaulichen, welche vor, beziehungsweise nach den einzelnen Erweiterungen in die jeweilige Stadtgrenze fielen.

Aus diesem Grunde haben wir z. B. die Ruprechtskirche, die ehemalige Stadtmauer bei St. Stephan, die Befestigung beim Schottenthor gebracht, obwohl aus den respectiven Zeitperioden andere Objecte sich besser zur Illustrierung geeignet hätten.

Jene Bilder, welche sich auf die nun mit Wien vereinten Vororte beziehen, konnten nicht nach obigem Principe gewählt werden, weil diese Vororte zur Zeit ihrer Einbeziehung in die Stadt keine durch Befestigungswerke irgendwelcher Art oder sonstwie gekennzeichneten, und ins Auge springenden Grenzen hatten.

Der Text dieses Werkes hatte lediglich die Aufgabe, eine Erläuterung der einzelnen Bilder zu geben: wenn er öfter — zum besseren Verständnisse — weiter ausholte, so möge dieses entschuldigt werden.

WIEN, im October 1891.

F. KOPALLIK.   **A. GRONER.**

Für das vorliegende Buch wurden nachstehend verzeichnete Quellen benützt:

Archiv für Geographie etc.
Archiv für Kunde österreichischer Geschichtsquellen.
Aschbach, J., Geschichte der X. römischen Legion.
Bermann, M., Alt- und Neu-Wien.
Berichte des Alterthum-Vereines.
Blätter für Landeskunde von Niederösterreich.
Camesina, A. Ritter von, Wiens örtliche Entwicklung.
Eugippius, Leben des heil. Severin.
Fuhrmann, M., Alt- und Neu-Wien.
Geusau, Ant. Edl. v., Geschichte der Haupt- und Residenzstadt Wien.
Hormayr, J. Freiherr v., Wien, seine Geschichte und seine Denkwürdigkeiten.
Karajan, Th. G. v., Die alte Kaiserburg zu Wien.
Karrer, Felix, Geologische Skizzen.
Kenner, Dr. Friedr. Vindobona.
  „   „   „ Topographie der Römerorte.
Laz, Wolfgang, Historische Beschreibungen von Wien.
Mittheilungen der k. k. Central-Commission.
Pezzl, J. (mit Weidmann, Ziska u. A.), Wiens Geschichte, Beschreibung und Umgegend.
Realis, Geschichten, Sagen und Merkwürdigkeiten aus Wiens Vorzeit und Gegenwart.
Schaffer, F. O., Zur Geschichte der Wiener Stadtbezirke Wieden und Favoriten.
Schlager, J. S., Alterthümliche Überlieferungen von Wien.
Schimmer, Gust. Adolf, Das alte Wien.
Schmidl, Adolf, Wiens Umgebungen.
Suess, Ed., Der Boden der Stadt Wien.
Tschischka, F., Geschichte der Stadt Wien.
Weiss, K., Geschichte der Stadt Wien.
Weschel, L. M., Die Leopoldstadt bey Wien.
Wex, Ritter von, Die Wiener Donauregulierung.
Wiesinger, A., Die Peterskirche.

INDEX.

	Seite
Adalbert, (Markgraf)	14
Adalbert, der Siegreiche	84
Adelraum, Abt	78
Aegyd St., Kirche zu	58
Agnes, (Markgräfin)	86
Albrecht II. (Herzog)	24
Albrecht II. (Kaiser)	24
Albrecht IV. (Herzog)	49, 51
Albrecht V.	52, 87
Albrecht der Lahme (Herzog)	58
Albrecht mit dem Zopfe	87
Albrechtsbrunnen	38
Albrechts-Palais	40
Alleegassen-Linie	53, 67 (Illustr.)
Als, die Herren von	62, 76
Alserbach	19, 64, 78
Alserbreite	62
Alserstrasse	31, 62
Alserthor	30
Alservorstadt	62
Althan	62, 64
Althan, Grafen von	64
Altlerchenfeld	60
Alt-Lichtenwerd	47
Altmannsdorf	68, 69
Alumnat, Fürsterzbischöfl.	24
Amalienhof	28
Amts-Thurm	31
Angelbeckenthurm	30
Anton St. (Wieden)	31
Arsenal	30, 66
Artesische Brunnen, Erste in Oesterreich	70
Au, In der	72
Auersperg, Georg von	22
Aufschlags-Aemter	44
Augarten	50
Augustiner-Bastei	40, 45 (Illustr.)
Augustiner-Kirche	40
Augustiner-Kloster	52
Auwinkl	30
Badestuben	30
Bairerthor	29, 30
Basteien	32, 39, 40
Baumgarten	70, 71
Baumgartenberg	58
Becelinnsdorf, Herren von	80
Belvedere	9
Belvedere Linie	53, 65 (Illustr.)
Benno, Abt	60

	Seite
Bernhardsthal	56
Bertolotti Jos., Baron	78
Biber Bastei	32, 40
Bischofsgasse	16
Bischofs-Thor	24
Bonifacius	22
Brassicani, Geschlecht der	76
Braunhirschengrund	74
Breitenfeld	60, 62
Breitensee	70, 71
Brigittenau	50, 82
Brillantengrund	60
Brunnen-Lucken	58
Bruno, Graf zu Holstein-Schaumburg	17
Buchfeld, Das obere	60, 61
Burg, Die, 14, 16, 17, 21 (Illustr.)	26, 27, 28, 30, 34, 36, 40, 86
Burgbastion	40
Bürgerspital	52
Burggassen-Linie	60, 81 (Illustr.)
Burgravelin	40
Burgthor	32, 33 (Illustr.), 34, 35, 36
Capellen, Die Herren von	68
Carnuntum	10
Carolinen-Thor	27 (Illustr.), 34
Centralfriedhof	66
Chalwenperg, de	85
Christinische Wasserleitung	73
Claudius	11
Congerien Stufe des Wiener Bodens	92
Cunald	20
Daun, Feldmarschall	82
Döbling	62, 80, 81-88
Döblinger-Bad	31
Döblingerbache, Bollwerk am	31
Dominikaner	68
Dominikaner-Bastei	40
Dominikaner-Kirche	16, 36
Dominikaner-Kloster	82
Dommayers Kasino	70
Donau-Canal	82
Donau Dampschiffahrt-Gesellschaft	50
Donau-Regulierung	50
Doringinbach	78
Dornbach	76, 78
Dorothea St., Stift	53, 58, 64, 80
Drathgangthurm	30
Dreihaus	74
Dunkler Gaudenz	68
Eberhard Huber	28

Ebersdorf	66, 67
Ebersdorf, Heinrich von	67
Ebersdorf, Herren von	85
Ehrenfeld, Freiherr v.	69
Eisenhut Johann	78
Elend-Bastei	40
Elend, Im	84
Eleonore (Kaiserin)	74
Elisabeth (Kaiserin)	70, 74
Elisius-Capelle	24
Erdberg	18, 51, 52
Erdberger-Linie	45, 51, 61 (Illustr.)
Erlach, Fischer von	71
Esterhazy Paul, Fürst	59
Eugen, Prinz	42, 43, 88
Fall, Am un'eren (Bastion)	40
Fall, Oberer	47
Fall, Unterer	47
Favorita	18, 54, 66
Favoriten	65, 66
Favoriten-Linie	53, 69 (Illustr.)
Felbern, Unter den	47, 48
Ferdinand I. (Kaiser)	28, 33, 35, 58, 87
Ferdinand III. (Kaiser)	50, 52
Feuerwerksfeste	48
Finstere Thor	35, 36
Firmian, Graf	72, 82
Fischamend	44
Fischerstiege	22, 46
Fischerstiegenthor	29
Fischer-Thor	31, (Illustr.) 34
Fischerthor-Thurm	30
Fischerthor, Thurm nächst dem	30
Fischmarkt	84
Florian St., Kirche zu	56
Folco da Cordona, A. von	62
Francolin, Hans von	58
Franz I. (Kaiser)	34, 36, 37
Franzens-Thor	87, (Illustr.) 87
Franz Josef I. (Kaiser)	26, 28, 80
Franz Josefs Land	49, 50
Fraueneck	31
Freisinger-Hof	16
Friedrich IV. (Kaiser)	20, 74
Friedrich der Streitbare	72
Fromauer	82
Fünfhaus	74
Fürstengruft bei St. Stefan	24
Für-terzbischöfliches Palais	24
Gallizin, Demeter Fürst	76
Gallizinberg	75, 76
Gamming, Karthause zu	22, 85
Gaudendorf	68
Gaudenzdorfer-Linie	55, 73 (Illustr.)
Georg v. Auersperg	22
Georgs-Thurm	31
Gersthof	79, 80
Getreidemarkt Kaserne	58
Gewering, Im	80
Geyer, Die Herren von	76
Gierster Josef	68
Gischrich	20
Goldschmidt, Thurm auf der	30
Golschmidgasse	29
Gonzaga-Bastei	40
Gozlosberg	62
Graben	16
Graben, Tiefer	14, 21
Gries an der Als	64
Gries, Der obere	64
Grinzing	81, 84
Grinzinger Kirche	84
Gründsing, Herren von	84
Grünberg, Der	69
Guldner'sche Haus	38
Gumpendorf	57, 58
Gumpendorf, Die Herren von	68
Gumpendorfer-Linie	56, 75 (Illustr.)
Hacking	70, 72
Hadersdorf	70, 74
Hafner-Thurm	80
Hagenmüller, Freiherr v.	52
Hakkinger, Die	72
Hameau	79
Haumolds-Thurm	30
Hederichsdorff, Ritter von	74
Heerstrasse	27
Heide	47, 48
Heidenschuss	29
Heidenthürme	23
Heiligenstadt	72, 81, 82, 84
Heiligenstadter Kirche	84
Heinrich Jasomirgott	14, 15, 16, 21, 23, 28, 62, 87
Heister, Graf	19, 44
Henickstein, Herr von	82
Hermann von Baden	87
Hernals	62, 76, 78, 79
Hernalser Linie	62, 83 (Illustr.)
Herrengasse	16, 27
Hetzendorf	68, 69, 70
Hetzendorf, Herwicus von	70
Heuberg	76
Heugasse	18
Hieronymitaner	22, 23
Hietzing	70, 71, 72, 73, 74
Himberg	44
Himmelpfort Kloster	62, 66, 80
Himmelspfortgrund	62
Hirschfreund	31
Hittendorf, Die Herren von	73
Hochstrasse	11 (Illustr.), 16, 27
Hof, Am	12, 14, 27
Hofburgtheater	37
Hohenwarth, Graf	72
Hollerstauden-Bastei	40
Holländer Dörfl	79
Hoyos, Freiherr von	82
Hunczmühle	56
Hundsthurm, Am	56
Hundsthurm	55
Hundsthurner-Linie	55, 73 (Illustr.)
Hungelbrunn	54
Hungelbrun	56
Hussiten	49
Hütteldorf	70, 72, 73, 74
Irrherrn, Thor hinter den	30
Jägerzeile	48, 52

	Seite		Seite
Jacob auf der Hülben	16	Krotenbach	82
Jacoberhof	16	Krowoten-Dörfl	60
Jacobskirche	29	Kugler-Park	84
Jacober-Bastei	40	Kumpflucken-Thor	30
Job St., Kapelle zu	54	Königberg	73
Johann St. in der Als	64	Kuruzzen	42, 43, 44
Johann St., in der Au	64	Lachsenburg	87
Johann St., Siechenhaus zu	64	Lacy, Graf	74
Johann Ev. St. Kirche zum	66	Laimgrube	22, 30, 31, 44, 57, 58
Johann von Nepomuk, Kirche zum (Meidling)	68	Lainz	70, 73, 74
		Lainzerschloss	74
Johannes-Kirche (Jägerzeile)	48	Lainzerstrasse	87 (Illustr.)
Jäger, Die Herren von	76, 78	Landstrasse	18, 26, 31, 51, 52
Josef (Erzherzog)	58	Lassla-Thurm	81
Josef I. (Kaiser)	58, 68, 71	Laudon, Freiherr v.	74
Josef II. (Kaiser) 28, 48, 50, 54, 58, 67, 68, 74		Laurenzergrund	55, 56
Josef St., Kirche zu	55, 58	Laurenzer Kloster	56
Josef St., Kirche zu (Kahlenberg)	86	Lazar St., Spital zu	61
Josefsberg	86	Legion X.	12
Josefsdorf	81, 86	Legion XIII.	11
Josefstadt	37, 60	Legion XXX.	11
Judenfriedhof	65	Leopold I. (Kaiser) 24, 35, 37, 38, 42, 44
Judenthurm	30		48, 61, 67, 68
Kahlenberg	9, 85, 88, 95 (Illustr.)	Leopold IV., der Freigebige	14, 25
Kahlenbergerdörfel	81, 88, 85	Leopold VII., 14, 16, 17, 26, 28, 29, 60
Kaiser-Ebersdorf	66, 67	Leopold, der Heilige	48, 86
Kaisergarten	86	Leopold, der Schöne	84
Kaisermühlen	49, 50	Leopoldberg	86, 88
Kalvarienberg in Hernals	78	Leopoldstadt	31, 43, 46, 50
Kamaldulenser	85, 86	Lerchenfeld	60, 61, 76
Karl VI. (Kaiser) 28, 33, 54, 74, 88		Lerchenfelder-Linie 60, 62, 81 (Illustr.)
Karlowitzer Friede	42	Lichtensteg	29
Karls-Kirche	54	Lichtensteg Thor beim	29
Kärntner-Bastei	32	Liebhartsthal	91 (Illustr.)
Kärntnerbastion	40	Liechtenstein, Fürst Adam von	61
Kärntnerstrasse	17, 30, 34	Liechtenthal	43, 62, 64, 79
Kärntner-Thor 16, 18, 30, 31, 32, 37,		Ligne, Fürst d.	86, 88
38, 39 (Illustr.), 41 (Illustr.)		Linienämter, Kapellen bei den 44, 45
Kärntner-Thurm	30, 37		53 (Illustr.)
Karolyi, Graf Alex.	44	Linienwaldbilder (Illustr.) 19, 47, 49, 51
Kater-Lucken	58		55, 57
Katharinen-Kapelle	24		
Katharinen-Ruhe	(Illustr.) 91	Linienwälle	31, 41—45, 80
Katzensteig	29	Linienwälle, Fall der	80
Katzensteig, Thor beim	29	Lobkowitz, Fürst	52
Khevenhüller, Graf	62	Lorenz St.	21
Kienmarkt	22	Löwel-Bastei	40
Kirchberg, Herren von	60	Lüsse, Die hangende	74
Klagbaum (Siechenhaus)	54	Lottkandelgasse	45
Klagbaumgasse	54	Magdalenengrund	57, 59
Kledering	66	Magdalenenkirche	59
Klosterneuburg	87	Malaspina, Graf von	61
Klosterneuburg, Stift	58, 86	Mafetti, Arzt	73
Klosterneuburgerstrasse	81	Mainau, Baronin	72
Kohlmarkt	16, 17, 27, 29	Manhardsdorf	74
Kohlmessergasse	21	Marc Aurel	12
Kölner Hof	15	Margarethe Maultausch	55
Kollonitz, Cardinal	72	Margarethen	55, 56
Königsweher, Thörl beim	30	Margarethenhof	55
Konrad III. (Kaiser)	86	Margaretha St.	18
Konrad, Bischof	21	Maria am Gestade, Kirche zu 16, 21
Koth-Lucken	58		22, 29, 46
Kreuz-Kapelle	24	Maria Eleonore Gonzaga (Kaiserin)	71
Kronprinz Rudolfsbrücke	50	Maria Magdalenen-Thor	30

	Seite		Seite
Maria Theresia (Kaiserin)	28, 67, 68, 70, 72, 74	Nikelsdorf	18
		Nobile, Peter de	36
Mariahilf	56, 57, 58, 59	Nordbahnhof	48
Mariahilfer-Linie	56, 77 (Illustr.)	Nothhelfern, Kirche zu den 14	64
Markus Avianus	68	Nottendorf	51, 52
Marx St.	18, 43, 44, 52, 66	Nussdorf	61, 82
Marxer-Linie	51, 68 (Illustr.)	Nussdorfer-Linie	47, 62, 85 (Illustr.)
Mathias (Kaiser)	56, 73, 78	Nussdorfer-Linie, Capelle bei der	53 (Illustr.)
Mathias Corvin	22, 26, 66, 68		
Matzleinsdorf	55, 56	Nussdorferstrasse	44
Matzleinsdorfer-Linie	55, 71 (Illustr.)	Obstmarkt	61
Mauer	70	Ochsenberg	62
Mauthen	44	Ochsen-Thor	80
Mauthhäusel, Das	32	Odoaker	76
Mauthhäuser, Die	30	Ort, hangender	47
Maximilian I. (Kaiser)	38, 48	Othmar-Kirche	53
Maximilian II. (Kaiser)	78	Ottakring	76
Mediteran-Stufe des Wiener Bodens	91	Ottakringerbach	14, 76
Meidling	57, 68, 69, 70	Otto, der Fröhliche (Herzog)	52
Meidling, Ober-	68	Ottokar Przemysl	17, 24, 27, 76
Meidling, Unter	68	Pader-Insel	47
Meinhardsdorf	74	Pakassi, Architekt	70
Melker-Bastei	40	Pankraz-Capelle	16
Meraviglia, Grafen von	58, 74	Pauker-Thor	80
Mertens St., Spital	68	Paul St., Kirche zu	52
Mewelingen	68	Paulaner-Kirche	44, 54
Michael St., Pfarrhof	27	Peiler-Thor	29, 80
Michaeler-Platz	34	Pemperle Johann	72
Michaels-Kirche	16, 17, 57	Penzing	70, 71, 72
Michelbeuerischer Grund	62	Permanns-Thürl	80
Michelbeuern, Stift	66, 80	Permanns Thürmlein	31
Migazzi, Cardinal	72	Pestaluzi Jacobine	80
Minoriten	58	Peterskirche	14, 16
Minoriten-Kirche	34	Petreims-Thurm	80
Minoriten-Platz	17	Pfaff vom Kahlenberg	85
Mist, Am (Bollwerk)	31	Piaristen-Kirche	61
Mollard, Grafen von	58	Piber-Bastei	40
Montleart, Fürst	76	Pberthurm	30
Mühle, Rothe	69	Piccolomini Ottavio	65
Municipal-Garde	32	Polizeiwache	32
Münzamt	22	Pötzleinsdorf	79, 80
Museen	86	Prághaus	22
Nag'ergasse	16	Prater	47, 48
Neubau	19, 60	Praterstrasse	48
Nendegg, die Herren von	60	Prediger-Bastei	40
Neuen Thurm, Thor beim	30	Predigt-Stuhl	75, 76
Neue Welt	70	Probus (Kaiser)	84
Neugebäude	44, 61 (Illustr.), 66, 67	Prokop	49, 82
Neuhauser Georg	78	Promenadeweg	73
Neulerchenferd	60, 76	Pulverthurm	62
Neustift	19, 31, 60	Quardia	32
Neustift a. Walde	79	Rabengasse	31
Neu-Thor	29 (Illustr.), 32, 34	Rain, In der	74
Neuthor-Bastei	40	Rampersdorfer, Die	56
Neuwaldecker-Hof	78	Rasumofsky, Graf	52
Neuwaldegg	76, 78	Ratzenstadl	59
Niclas, Bastei bei St.	31	Regensburger-Hof	15
Niclas Kloster in der Singerstrasse	22	Regimenter, Bischof	23
Niclas Thor bei St.	30	Reichsbrücke	50
Niclas-Thurm	31	Reindorf	74
Nicolai Kloster vor dem Stubenthor (Illustr.)	19, 26, 51, 53, 56	Reinprechtsdorf	55, 56
		Rennweg	18, 51
Nicolaus Kapelle	52	Rettelbühel	31
Nicolsdorf	55, 56	Richard Löwenherz	52

	Seite
Riesenthor	24
Ringstrasse	20, 36
Rochus-Kirche	52
Rohrau	44
Rohrschütt	47
Romanzow, Fürst	76
Rossau	31, 44, 62
Rossfreyhof	31
Rossmarkt	16, 30
Rothe Thurm	18, 30, 37, 47
Rothenthurmstrasse	20, 29, 38
Rothenthurm-Thor 32, 38, 39, 43 (Illustr.)	
Rotunde	49
Rudolf IV. (Herzog)	24
Rudolf II. (Kaiser)	66
Rudolfsheim	74
Rumor-Wache	32
Ruprechts-Platz	10, 12
Ruprechts-Kirche (Illustr.)	15, 16, 20, 21, 22, 23
Ruprechtssteig	22
Rustendorf	74
Salmannsdorf	79, 80, 81
Salzamt	22
Salzgries	21, 22, 46
Salzgries-Thurm	30
Salz-Thor	34
Salzthurm	30
Sarmatische Stufe des Wiener Bodens	92
Schanzel-Courtine	40
Schanz-Steuer	42
Schallautzer Hermann	40
Schaumburger Grund	54
Scheff, Im	58
Scheiblings-Thurm	31
Schillgraben	47
Schleifmühle	54
Schlossergässchen	30
Schmelz, Die	74, 75
Schmelzel Wolfgang	49
Schwanau, Liedl von	80
Schwarzhorn, Freiherr v.	55
Schweinsberg	85
Schwechat	44, 66
Schweizerhof	16, 27, 28
Schwender (Vergnüg.-Etabl.) 89 (Illustr.)	
Schönbrunn (Gemeinde)	70
Schönbrunn (Lustschloss)	70, 71
Schönbrunner-Linie	55
Schotten	58
Schotten Au	50
Schotten-Bastei	32
Schotten-Courtine	40
Schottenfeld	60
Schottenkloster 16, 17, 22, 27, 30, 34, 60	
Schottenthor 19, 23 (Illustr.) 25 (Illustr.) 31, 32, 33	
Schottenthor-Vorwerk	40
Schottenthurm	30, 33
Schütü	47
Seelshaus	74
Seidl, Freiher von	56
Selb, Grafen von	58
Serviten, Kirche und Kloster	65

	Seite
Severin, der Heilige	72, 84
Siechenals	64
Sievering	72, 81, 84, 85
Sievering, Herren von	84
Simmering	66, 67
Simmeringer-Heide	66
Singerstrasse	17, 22, 34
Singer-Thor	24
Sobiesky (König)	88
Solimans Zelt	66
Sonnau, Graf v.	55, 56
Sophienbrücke	52
Spanische Bastei	36
Spanischer Erbfolgekrieg	42
Speising	70, 71, 74
Sperrschiff, Das	82
Spittelberg	60
Sporkenbühel	62, 64
Sporn, Der	82
Stadtgut	47, 48
Stadt-Quardia	32
Stadt-Wache	32
Steigerbastei	31
Stephans Kirche 16, 17 (Illustr.), 20, 21, 23, 24, 29, 33, 40	
Stephans-Friedhof	59
Sternwarte	75 (Illustr.)
Stock im Eisen	24
Stock im Eisen-Platz	16, 24, 30
Strattman, Gräfin	78
Strozzi	61, 62
Strozzi'scher Grund	51, 60, 61
Strudel, Peter von	62
Strudelberg	62
Struncheda	86
Stuben-Thor 16, 18, 26, 30, 31, 32, 35, (Illustr.), 36, 87, 40	
Stubenthor-Brücke	26, 51
Stubenthor, Bollwerk vor dem	31
Stuben-Thurm	30, 86
Stubenviertel	20
Südbahnhof	66
Südbahn-Linie	53, 67 (Illustr.)
Tabor	44, 49
Tabor-Au	47, 49
Tabor-Linie	46, 59 (Illustr.)
Tag- und Nacht-Wache	32
Theodora (Herzogin)	87
Theresianische Academie	64
Theresienbad	68
Theresienschloss	68
Thiergarten, Kaiserl.	74
Thore und Thürme	28—30
Thun, Graf Sigm. v.	70
Thundorf	79
Thury	62, 64, 79
Tiberius	11
Theobald, Bollwerk bei St.	31
Theobald, Garten zu St.	31
Theobald, Kloster zu St.	22, 58
Theobald, Thor bei St.	30
Theobald, Thurm bei St.	30
Tiboll, Bollwerk bei St.	31
Tiboll, Garten zu	31

	Seite		Seite
Tibolt, Kloster zu St.	22, 58	Weissgärber-Kirche	53
Tibolt, Thor bei St.	30	Weltausstellung, Wiener	48
Tibolt, Thurm bei St.	30	Werd	31, 46
Tiefe Graben, Der	21	Werd, Oberer	31, 47, 64, 65
Tinti, Freiherr von	55	Werd oberen, Bollwerk am	31
Tirna, Hanns von	22	Werd, Unterer	47, 48
Tivoli	69	Werdenburghof	74
Topelick	82	Werdern, Im	83
Töplich	82	Werderthor	30
Türkenschanze	80	Werderthurm	80
Türkenschanzpark	80	Werder Vorstadt	82
Ulrich St.	19, 60	Werich	79
Ulrich St., Kirche zu	60	Werk, Im	90
Ulrichsthor	30	Wernher, der Schenk	73
Ungarthor	16	Westbahn-Linie	60, 79 (Illustr.)
Universitäts-Kirche	57	Widen	53
Utelberg	73	Widenich, Herren von	84
Uteldorf	73	Widmarkt	34
Veit, Ober St.	70, 72	Widmer-Thor	30, 34, 35
Veit, Unter St.	70, 72	Widmer-Thor, Vor dem	58
Vels, Freiherr von	40	Widmer-Thurm	30
Venediger Au	47, 48	Widmerthor-Thurm	35
Verzehrungs-Steuer	41, 44, 65, 80	Widmerviertel	54
Vespasian	11, 12	Wieden	31, 53, 54
Vienne	86	Wiedner Vorstadt	65
Vindobona 9 (Illustr.)	10, 11, 12, 28, 86	Wien, Auf der	72
Vindomina	9	Wienen	53
Virgil, Bischof	21	Wiener Vorstadt	54
Volksfeste	48	Wienfluss	12, 26, 51, 54
Volksgarten	36	Wienfluss-Brücke	51
Vorstadtzäune	31	Wigand von Theben	85
Wache	32	Windmühlen, Unter den	18, 57
Währing	19, 45, 62, 79, 80	Windmühlgasse	57
Währinger Kirche	80	Wipplingerstrasse	28
Währinger-Linie	62, 89 (Illustr.)	Wolfs-Au	47
Währingerstrasse	80, 62	Wollzeile	16, 29, 30, 37
Waldschnepfe, Güldene	93 (Illustr.)	Würtel (Bürgergeschlecht)	22
Wallnerstrasse	14, 15	Wrbna, Grafen	82
Wasa, Prinz von	72	Würffelsthurm	30
Wasserkunst-Badei	40	Wyden	53
Weidling	81, 84	Zeismannsbrunn	60
Weidlinger-Kirche	84	Zögernitz, Casino	83
Weinhaus	79, 80	Zuflucht en, Kirche zu den sieben	60
Weinhaus, Marquard von	80	Zwischenbrücken	49, 50
Weissgärber	30, 31, 51, 52	Zwölfaxing	44

Die Ostseite Vindobona's.

Es ist eine recht verständliche, ja selbstverständliche Sache, dass die Völker der alten Zeiten, bei denen Kraft, und zwar physische Kraft, und mit ihr physische Macht als das Höchste erachtet wurden, ihr Hauptaugenmerk darauf legten, minder starke Völker und deren Gebiete sich zu unterjochen. Das thaten auch die Römer.

Im Jahre 15 vor Christi Geburt führten des Kaisers Augustus Stiefsöhne, Drusus und Tiberius, gegen die keltischen Alpenvölker Krieg. Die Barbaren hielten sich lange standhaft gegenüber dem römischen Adler, denn in ihnen kämpfte der Muth der Verzweiflung. Sie hatten ja Alles zu verlieren: Eigenthum, Freiheit und Leben. Sie verloren fast alles. Mit dem Römer kam das Unglück über die Alpen. Nach langwierigen, harten Kämpfen gelangten die Sieger in das Gebiet der Noriker; diese ergaben sich fast ohne Widerstand. Zu ihnen gehörten die Kelten, die in dem Hügellande der Donau, zu Füssen der Ausläufer der Ostalpen lebten. Eine ihrer Niederlassungen, Vindomina genannt, zog sich am Flusse hin. Daselbst erschienen eines Tages die siegegewohnten Fremdlinge und pflanzten auf einem der Hügel ihre Feldzeichen auf.

Der erste Tag des römischen Wien, Vindobona's, war angebrochen. Bald erhob sich ein Wachtthurm auf dem Plateau des Hügels, von dem aus der allzeit wachsame Legionär das Land ringsum zu überschauen vermochte. Hinaus über das Marchfeld und weithin gegen Süd-Osten war das Land den Blicken freigegeben, und die Donau auf und nieder konnten sie wandern, sicher, dass kein Feind sich ungesehen dem neu errichteten Standlager der Römer zu nahen vermochte.

Auch war es leicht möglich, von der besetzten Höhe aus, mit dem nächstliegenden, anderen Befestigungswerken (auf der Höhe des Belvederes und auf dem Kahlenberge) sich durch Signale verschiedener Art, sowohl bei Tage, als bei Nacht in Verbindung zu setzen.

Über die Stelle, an welcher der erste Römerbau in Vindobona aufgeführt worden ist, sind sämmtliche Wienforscher einig; sie alle bezeichnen die Umgebung des heutigen Ruprechtsplatzes (I. Bezirk) als den Ort, auf welchem der Beginn des geschichtlichen Lebens unserer Stadt zu suchen ist.

Er war von den Römern, gleich manchen anderen Orten, als militärisch wichtig erkannt und somit von ihnen besetzt worden.

Von Castra Batava (Passau) bis nach Pannonien hatten sie eine Kette von Befestigungen angelegt, welche man recht bezeichnend „supercilia Istri" (die Augenbrauen der Donau) nannte.

Das römische Wien war auch nichts anderes, als eine rein militärische Anlage, dazu bestimmt, die linke Flanke der Römer, welche in Carnuntum (Petronell), ihrer wichtigsten Donaustadt, sassen, zu decken.

Vindobona erreichte niemals, auch nur annähernd, die Bedeutung jenes prächtigen Römersitzes, und deshalb sprechen die römischen Geschichtsschreiber selten und wenig von Vindobona, weshalb es auch unseren Forschern ungemein schwer wurde, Wiens Anfänge, seine räumliche und sonstige Entwicklung bezüglich jener Zeit zu verfolgen.

Weil directe Kunde darüber nicht besteht, blieb nur übrig, auf Umwegen in dieser Beziehung zu einiger Sicherheit zu gelangen. Mehreren Forschern unserer Zeit gebührt das Verdienst, mit grosser Gewissenhaftigkeit, mit unsäglichem Fleisse, mit der nothwendigen Ortskenntnis und der richtigen Benützung schon vorhandener Quellen, sowie gestützt auf ihre eigenen Erfahrungen, Studien und Schlüsse ziemlich viel Klarheit über unseres schönen Wien erste Tage zu verbreiten.

Eine der vertrauenswürdigsten Hypothesen über die ursprüngliche Anlage und räumliche Entwicklung Vindobona's rührt von Dr. Friedrich Kenner, Custos im k. k. Münz- und Antikencabinete her.

Dr. Kenner stützt als Archäologe seine Beweisführung auf die nachweisbare Zahl der in Vindobona stationiert gewesenen römischen Truppen, auf Funde von Mauerresten, Sarkophagen, Legionsziegeln und Münzen.

Se. Excellenz Feldzeugmeister Ritter v. Hauslab, der zweite Forscher, welchen wir anführen, zieht seine Schlüsse vom Standpunkte des Strategen aus. Er, der Meister der Terrainlehre, der Kenner der Kriegskunst aller Zeiten, behält bei seinen Untersuchungen die Befestigungsgesetze vor Augen, welche die Römer allzeit befolgten und welche abzuändern sie bei Vindobona keine Ursache hatten.

Regierungsrath v. Camesina, der rühmlichst bekannte Topograph, welcher sich ein halbes Menschenalter hindurch mit Wiens Vergangenheit beschäftigte, legte seine Meinung in seinem 1876 erschienenen Werke „Wiens örtliche Entwicklung" nieder. Der Archivs- und Bibliotheks-Director der Stadt Wien, Carl Weiss, hat in seinem vortrefflichen und gründlich gearbeiteten Werke „Geschichte der Stadt Wien" alle jene Momente zusammengetragen und gesichtet, welche den Wienforschern von Interesse sind.

Endlich besitzen wir in dem mit ebenso grosser Liebe als schätzenswerthem Verständnisse geschriebenen Buche „Alt- und Neu-Wien" von M. Bermann ein Werk über Wien, das ob seiner Vielseitigkeit sicherlich Niemanden unbefriedigt lassen wird.

Die beiden letztgenannten Autoren verfolgen Wiens Entwicklung bis auf unsere Zeit und bieten zugleich ein vollständiges Bild des Lebens und der Verhältnisse, welche zu verschiedenen Zeiten in unserer Stadt herrschten . . . . .

Die Hochstrasse (jetzige Herrengasse).
(Text: Seite 16.)

Das römische Wien haben wir uns als ein Standlager vorzustellen, als eine Zeltstadt mit Erdwällen, vielleicht auch als aus Soldatenquartieren bestehend, welche der wenig abgehärtete Römer sich zum Schutze gegen den nordischen Winter aus Lehm und Holz aufgeführt hatte.

Vorerst, unter Tiberius und Claudius, lebten nur einige Cohorten da. Ihr Standlager besass die althergebrachte Form eines Rechteckes.

Unter Kaiser Vespasian wurde es zu einem Legionslager erweitert: es musste da, wo bis dahin nur 2000—2500 Mann stationiert waren, Unterkunft für 4—5000 geschaffen werden.

Zuerst wurde die XIII. Legion (*leg. XIII. gemina*) nach Vindobona verlegt, welche 39 Jahre (vom Jahre 70—109) daselbst verblieb. Als sie den Truppen in Dacien beigezogen wurde, kam die XXX. Legion (*leg. XXX. Ulpia victrix*), welche bis dahin in Xanten stationiert gewesen, nach Vindobona. Auch sie wurde bald nachher nach Dacien gesandt, und nun rückte die berühmte, tapferste und angesehenste römische Legion, die X., in Vindobona ein (*X. legio gemina, pia, fidelis*), welche, da sie gegen 300 Jahre daselbst zubrachte, als die eigentliche Begründerin des römischen Wien angesehen werden kann. Von ihr rühren die meisten der aufgefundenen Legionsziegel und Inschriftensteine her.

Die Erweiterung des Cohortenlagers zu einem Legionslager konnte nur gegen Süden und Westen ausgeführt werden, da gegen Norden und Osten, das schon bebaute Plateau, steil abfiel.

Vermuthlich befand sich an der Westseite des vergrösserten Standlagers die Civil- oder Veteranenstadt, darin die dienstfrei gewordenen Legionäre, sowie auch die Provinzialen (die angesiedelten Kelten und Germanen) lebten. Der heutige „Hof" dürfte der Hauptplatz der Bürgerschaft gewesen sein.

Die Mauern der römischen Militärstadt waren durch vorspringende Thürme befestigt, und aus den Thoren führten gut gebaute Strassen, welche in der Nähe römischer Befestigungsplätze immer nur Heeresstrassen waren; die anderen, von den Römern, diesen berühmtesten Strassenbauern, nicht minder sorgfältig errichteten Strassen, welche ihre Standlager wie ein Netz umgaben, dienten dem Handel und dem allgemeinen Verkehre und ihre Ränder nach alter römischer Sitte zu Begräbnisplätzen. So wird es auch in Vindobona gewesen sein.

Wir dürfen annehmen, dass auf dem besetzten Donauhügel sich gewaltige Mauern erhoben, von deren Thürmen man weit in's Land blickte; dass starke Thore die Stadt abschlossen, die nüchtern und dräuend, allzeit kampf- und abwehrbereit dem Römer Schutz bot gegen die Winterstürme und der nur halb unterjochten Barbaren kühne Verschlagenheit.

Den Verkehr über die Donau vermittelten wahrscheinlich ausser Kähnen Schiffbrücken, wie solche auch auf der Trajanssäule abgebildet sind. Die Brücken über den Wienfluss, welcher zu jener Zeit einen anderen Lauf hatte, waren gemauerte.

Die zweite Erweiterung folgte unter Kaiser Vespasian (69—79), die dritte unter Kaiser Marc Aurel (165—180), die vierte unter Aurelian (270—275).

Da die gelehrten Forscher über die Grenzen dieser jedesmaligen Erweiterungen nicht völlig einig sind, unterlassen wir es, die verschiedenen, dem wenig Eingeweihten nur verwirrenden Forschungsresultate anzugeben.

Wir wollen hier nur erwähnen, dass die meisten Forscher darüber einig sind: 1. dass Vindobona's Wiege in der Gegend des heutigen Ruprechtsplatzes gestanden; 2. dass es zu Beginn eine rein militärische Anlage gewesen und 3. dass es zu Zeiten Aurelians schon den Charakter einer Militärstadt verloren hatte und zur Municipalstadt geworden war.

Über Wiens Schicksale in den folgenden Jahrhunderten ist ein dichter Schleier gebreitet.

Einige Geschichtsschreiber behaupten, dass das römische Wien ganz und gar zerstört worden sei, andere suchen zu beweisen, dass es, wie wohl arg bedrängt und in sich zusammengesunken, dennoch alles Missgeschick, das die Völkerwanderung darüber ausgegossen, überdauert habe.

Jedenfalls lag Wien an der Völkerstrasse, auf welcher nacheinander Hunnen und Gothen, Rugier und Longobarden, Avaren und Ungarn dahinzogen, und gehörte das heutige Oesterreich zu jenen unglücklichen Ländern, welche Jahrhunderte hindurch dem Selbsterhaltungstrieb und der Raublust genannter Völker zum Opfer fielen.

Ganz besonders hart bedrängt wurde es von den Ungarn. Ihre wiederholten Einfälle in die karolingische Ostmark schädigten deren Cultur auf arge Weise.

Blanqui zeichnete in seiner Geschichte der politischen Oekonomie die Folgen dieser Einfälle und der 130 Jahre langen (von 911—1042) selten unterbrochenen Herrschaft der Ungarn über die Ostmark in all' ihren traurigen Details. Die Bevölkerung der Ostmark war arm und gering an Zahl, und das Land verwüstet und schutzlos.

Um das Jahr 1030 entspannen sich neuerdings die niemals völlig ruhenden Feindseligkeiten zwischen **Deutschen** und **Ungarn**; die ersten mussten sich zurückziehen und die **Ungarn** nahmen Wien ein.

Nach mehr als 500 Jahren taucht also das alte Vindobona noch immer als eine feste, mauerumgürtete Stadt auf.

Die ersten Erweiterungen Wiens.
(Text: Seite 16 und 17.)

Nach zwölf Jahren erst konnten die Ungarn vertrieben werden, und zwar entrissen ihnen die Babenberger, Markgraf Adalbert und sein Sohn Leopold für immer das Land, welches zwischen dem Kahlengebirge und der Leitha liegt.

Nach einem weiteren Jahrhundert 1137 wird uns wieder Kunde über das alte Wien; es überträgt der Markgraf Leopold IV., der Freigebige, laut einer Urkunde sein Patronatsrecht über die Peterskirche in Wien dem Passauer Bischof Reginmar. In erwähnter Urkunde wird unsere Stadt zum erstenmale mit ihrem neuen Namen genannt, dessen Form wohl noch Schwankungen unterlag, wie andere Schriftstücke beweisen, dennoch aber die älteste Form schon abgeworfen hatte.

Wien besass in jenen Tagen denselben Umfang, den es zur Römerzeit gehabt, aber es fieng eben an, einen grossen Aufschwung zu nehmen, denn es lag an der Strasse, welche die Kreuzfahrer zogen und wurde desshalb, und weil es zugleich ein vielbesuchter Handelsplatz war, im eminenten Sinne eine Fremdenstadt, die, rasch erblühend und sich erweiternd, bald zu den meistgenannten, vornehmsten Städten des Mittelalters gehörte.

Am 17. September 1156 verzichtete Heinrich Jasomirgott zu Regensburg, im Streite um Baiern, darauf er Erbansprüche hatte, auf dessen Besitz und wurde dafür vom Kaiser Friedrich I. durch die Herzogswürde und viele bedeutende Privilegien entschädigt.

Dieser, sohin der erste Herzog von Österreich, nahm aus politischen und anderen Gründen seinen bleibenden Sitz zu Wien, dieser schönsten Stadt seines Landes, in der schon eine tüchtige Bürgerschaft eingelebt war, die dem weitsehenden Herzog Gewähr bot, dass der kräftige und zuweilen übermüthige Adel nicht über seine Macht hinauswachsen könne und die er daher durch freundliches Entgegenkommen an sich und sein Haus fesselte.

Die Burg befand sich damals auf dem „Hof", an der Stelle, an welcher heute das Kriegsgebäude steht, und erstreckte sich bis zum Gebäude der Nuntiatur. Die Babenberger besassen ohne Zweifel schon lange vorher an dieser Stelle einen „Hof", woselbst sie Gerichtstage hielten: unter Leopold IV., dem Freigebigen, oder unter Heinrich Jasomirgott wurde nun dieser „Hof" zu einer festen Burg von grösserem Umfange umgebaut.

Die Bodengestaltung war, wie der heutige Hof und die Freiung, früher das Steinfeld genannt, es noch beweisen, zu diesem Zwecke günstig. Rückwärts, längs der höchst gelegenen Punkte erstreckte sich die Stadtmauer, und am Fusse derselben der Burggraben; derselbe setzte sich gegen die Wallnerstrasse zu fort, und der tiefe Graben, das Bett des Ottakringerbaches, war ein natürlicher Burggraben, wie man ihn besser nicht hätte anlegen können. Die Burg lag vor der Stadt. Diese Lage entsprach ganz dem Herkommen jener Zeit, das auch später noch Leopold der Glorreiche einhielt. Ausserhalb der Stadt, auf eigenem Grund und Boden, mussten die Burgen stehen, auf dass Stadt- und Burgfrieden nicht mit einander in Widerspruch gerathen konnten.

Die Ruprechtskirche.

Dass Wien sich unter Heinrich Jasomirgott räumlich entwickelte, ist erwiesen.

Im Norden blieb die von dem steilen Abfall des Bodens bedingte und noch aus der Römerzeit herrührende Begrenzung unverändert, doch entstand an der Mündung des Ottakringerbaches, an der Donau, eine neue Ansiedelung.

Nach der Meinung Camesinas gieng auch gegen Osten eine geringe Veränderung vor sich, doch habe sich Wien gegen Süden hin bis gegen die heutige Wallnerstrasse ausgedehnt und durch diese Vergrösserung, der ersten unter den Babenbergern, wurde die herzogliche Burg in die Umwallung der Stadt einbezogen.

Letztere Annahme Camesinas widerspricht jedoch, wie Dr. Anton Mayer nachweist, Allem, was über die Rechtsverhältnisse zwischen einer Burg und einer Stadt aus der damaligen Zeit bekannt ist, und letztgenannter Forscher nimmt an, dass Wien sich unter Heinrich Jasomirgott zumeist gegen Osten hin erweitert habe. Dies stimmte, so bemerkt Dr. Mayer, weit besser zur Politik des klugen, weitsichtigen Babenbergers, der Wien ähnlich wie Regensburg, zu einer bedeutenden Donaustadt machen wollte und daher die fremden Handelsleute gar freundlich behandelte. Selbe hatten sich schon früher im Osten der Stadt angesiedelt, und durch sie war das eigentliche Fremdenviertel Wiens entstanden. Der Regensburger- und der Köllnerhof weisen heute noch durch ihre Namen auf diese Thatsache hin.

Für diese Fremdenansiedelung hatte der Bischof von Passau eine Kirche, dem heil. Stephan geweiht, erbauen lassen. Sie war 1137 im Bau fast vollendet, und die pfarrherrlichen Rechte wurden, vermuthlich im Hinblick auf die baldige Einbeziehung in die Stadt, auf sie übertragen.

Es ist ja auch nicht wahrscheinlich, dass jene Kirche, ein schöner romanischer Bau von der Grösse der heutigen Michaelerkirche, sowie alle ihr benachbarten Bauten, davon viele von wohlhabenden Kaufleuten bewohnt waren, lange ausserhalb der Stadtmauern belassen wurden.

Jener Stiftsbrief aus dem Jahre 1158, welchen Herzog Heinrich Jasomirgott dem von ihm gestifteten Schottenkloster ausstellte, giebt uns zuerst insoferne ein Bild des Umfanges der damaligen Stadt, als in dieser Urkunde die vier Kirchen „St. Maria am Gestade", „St. Peter", St. Ruprecht" und „St. Pankraz" als innerhalb der Stadtmauern gelegen, namentlich angeführt erscheinen.

Hinter der Stephanskirche, ausserhalb der Stadtmauern, liess Herzog Heinrich eine Häuserzeile (die heutige Wollzeile) anlegen und schuf in diesem Gebäude-Complexe die erste Vorstadt von Wien. Die Mauern der Stadt liefen längs des Donaucanales, beiläufig durch die Bischofsgasse herauf, dem Graben und der Naglergasse entlang, um am tiefen Graben wieder hinab bis zur Donau zu gehen. Durch die heutige Herrengasse zog sich, theilweise zwischen Auen, die Hochstrasse an einem herzoglichen Jagdschlosse und an dem Schottenkloster vorbei.

Die zweite Erweiterung unter den Babenbergern erfolgte, wie man annimmt, zwischen den Jahren 1187 und 1194, und zwar schob sich die neue Stadtmauer so weit vor, dass die Stadt beiläufig auf das Doppelte ihres früheren Umfanges kam.

Die dritte Erweiterung fand unter der Regierung Leopold VII. statt. Leopold VII., der Glorreiche genannt, erbaute nämlich vor der Stadt, in der Verlängerung des Kohlmarktes, an der Stelle des heutigen Schweizerhofes, eine neue Burg, um welche sich bald eine ausgedehnte Ansiedelung erhob, da des Herzogs Ministerialen und Bedienstete mit ihren Familien und ihrem Gesinde hieher zogen. Für sie erstand die neue Pfarrkirche zu St. Michael. Drei ritterliche Ordensconvente, die Tempelritter, die Johanniter und die deutschen Ordensritter, siedelten sich in Wien an, mehrere fromme Stiftungen hatten die Erbauung von Klöstern, Hospitalen und Kirchen im Gefolge, so dass sich die Nothwendigkeit einer Erweiterung der Stadtmauern herausstellte, um gewisse Siedelungen, z. B. den Freisinger-Hof, St. Jacob auf der Hülben (Jacoberhof), die Wollzeile, das Gebäude der Tempelritter (an Stelle der heutigen Dominikanerkirche) in das Stadtgebiet mit einbeziehen zu können. Dies geschah nun auch, und zwei neue Thore, das Kärntnerthor auf dem Rossmarkt (dem heutigen Stockim-Eisenplatze) und das Ungarthor (späteres Stubenthor), wurden eröffnet.

Leopold VII. war es auch, der den Wienern eine die Rechtszustände der Stadt regelnde „Handfeste" gab, welcher ein Jahr später (1222) die kaiserliche Bulle folgte, durch welche Wien zur freien Reichsstadt erhoben wurde.

Die nächste Erweiterung Wiens fand unter Przemysl Ottokar statt. Wien war zweimal, in kurzen Fristen, durch grosse Feuersbrünste verheert worden, so dass es einem grossen Schutthaufen glich.

Ottokar schritt an den Neubau Wiens; er erbaute, wie der Chronist erzählt, „innerhalb der Stadtmauern eine neue Stadt", gab den Bürgern die Wälder um Wien zum Baue preis, erliess auf fünf Jahre alle öffentlichen Giebigkeiten und gieng

Die Stephanskirche vor deren Einbeziehung in die Stadt.
(Text: Seite 23.)

schliesslich, als Wien herrlicher denn je erstanden war, an die Erweiterung der Stadtmauer, welche nunmehr die Häuser der Sinninger- und Kärntnerstrasse, die Hofburg, die St. Michaelskirche, den Kohlmarkt, Minoritenplatz und das Schottenkloster umfieng.

An dieser unter Ottokar vorgenommenen Stadterweiterung und Stadtverschönerung hatte der langjährige Freund und Rathgeber des Königs, der Bischof von Olmütz, Bruno Graf zu Holstein und Schaumburg, den hervorragendsten Antheil. Kein Standbild, kein Platz und keine Gasse in Wien erinnern an das verdienstvolle Wirken dieses Staatsmannes!

Der Umfang der Stadt Wien veränderte sich nun bis auf die Neuzeit sehr wenig. Die Bauthätigkeit wendete sich jetzt den zahlreichen, freien Plätzen im Innern zu, welche einer Verbauung sehr günstig waren, und der Entwicklung der Vorstädte, welch' letztere während der Türkenbelagerung (1529) grösstentheils zerstört wurden.

Nach Abzug der Türken begann sich in Wien und Umgebung neues Leben zu regen. Die Wiederherstellung der zerstörten Stadtmauern begann. Im Jahre 1530 wurden alle auf eine Meile im Umkreise von Wien Wohnenden zu einer dreitägigen Robot aufgeboten, Gebäude-Trümmer wurden beseitigt, die Stadtgräben erweitert und vertieft, Ravelinen und Aussenwerke aufgeführt etc. Diese Arbeiten, sowie die des folgenden Jahrhunderts, hatten jedoch keine eigentlichen Erweiterungsbauten zur Folge.

Der Umfang Wiens blieb der gleiche, und auch die nach der zweiten Türkenbelagerung (1683) emsig betriebenen Neu- und Umbauten bedeuteten für Wien keine Erweiterung der Stadt, waren jedoch auf die innere Gestaltung Wiens und auf die seiner Vorstädte von Einfluss.

Zur Orientierung über den Umfang und die Gestalt, welche die Stadt Wien zu Ende des XVII. Jahrhunderts hatte, wollen wir hier wortgetreu das interessante Burgfriedens-Diplom veröffentlichen, welches Kaiser Leopold am 15. Juli 1698 der Stadt Wien gegeben.

Es lautet:

„Erstlich von Rothenthurm hinaus an der Donau linckher und rechter Handt bis St. Marx hinaus; doch solle Erdtberg ausgenohmen seyn, und gemeiner Statt Burgfridt bis an das gleich hardt an Erdtberg stehende Creutz sich erstreckhen, doch ausserhalb der Erdtberger Häuser gegen St. Marx solle wiederumb der Burgfridt anfangen und bis auf St. Marx gehen.

Von dem Stubenthor auf der Landstrass linckh und rechter Handt hinaus bis auf St. Marx.

Dann an dem Rennweg ebenfahls linckh und rechter Handt bis St. Marx.

Von dem Khärnerthor hinaus in dem Heugässl bey gemeiner Statt Wienn Unter-Cammerer und Fürst Manssfeldischen Garten recht und linckher Handt, so weith die Rieth von Neusätzen oder Kräfften gehet, bis an den Weg, so gegen St. Marx herab bis an die sogenannte Rueth-Mühlbrucken gehet.

Von dem Khärnerthor hinaus bey der Kaiserlichen Favorita linckh und rechter Handt, so weith die unter Kurtzgähru oder Kurtzstöss gehen, bis an den Weg gegen St. Marx herab an die obern Kurtzgähru.

Dann von dem Khärnerthor auf der Widen hinaus rechter Handt bis an Nielstorff hart an das erstere alda befindliche Giebeu linckher Handt, eben gegen Nielstorff über und in der Lini an der Rieth der mittern Schossen hinumb an die obern Kurtzgähru. Von dem Khärnerthor jenseiths der Wienn linckher Handt bis St. Margaretha, diesseiths der Wienn hinaus bis an das ruinirte Häussl am Berg oben inclusive.

Von dem Burgthor linckher Handt bis an die Windtmühl und rechter Handt bis an die ausserhalb des Chaosischen Stiftsgärtten auf den gewesten Kayser-Spittallerischen Akher erbawete neue Häuser, welche newerbawete Häuser nit mehr in Burgfridt liegen sollen.

Mehr von Burgthor hinaus linckher und rechter Handt bis zu Endt der Moserischen Wissmather, so an die Ottokringerliche Wissmath und Strassen anstosst, iedoch St. Vlrich, Newban, Newstifft und Passauerl, alsein der Landseinlag würkhlich begriffener Orth, ausgenohmen, sodann bis hart an der P. P. Augustiner Gartten Mauer.

Von dannen vor dem Schottenthor hinaus bis zu erstgemelter Augustiner Gartten und hinumb über den Alsserbach bis zu dem oberhalb in der Höhe unweit Währing gegen der Statt stehendten Stein, sodann bis an die Donau zu Endt des Graf Althanischen Gartten und Hänsslen hinaus, doch solle das Fürst Liechtensteinische Brewhaus davon ausgenohmen und nicht in Burgfridt gehörig sein.

Jenseits der schlagbrukhen hinaus bis zu denen neuerbauthen Schantzen und Fahnenstangen inclusive, davon die Thabormauth und dessen Wirthshaus aussgenohmen."

Blick vom St. Nicolaikloster auf Wien.
(Text: Seite 26.)

Nachdem im Jahre 1803 die den St. Stephansdom umfassenden Häuschen entfernt worden waren, wandte sich die Vorliebe für Verschönerungen dem Ringe der Stadtmauern zu. Im nordöstlichen Theile des Stubenviertels wurde eine grössere Anzahl von Häusern demolirt, und entstanden an deren Stelle neue, in die Baulinie zurückgewiesene Objecte mit zeitgemässen Formen.

Die immer dringender gewünschte Erweiterung der Rothenthurmstrasse kam zu Stande, und allenthalben machte sich das Bestreben geltend, die Passagen zu erweitern und die oft recht unansehnlichen, alten Gebäude durch Neubauten besseren Stiles und grösseren Umfanges zu ersetzen.

Mit dem Falle der Festungswerke, der Thore und Basteien, von welchen wir später sprechen werden, wurde Wien seines mittelalterlichen Charakters entkleidet, und das neue Wien entstand.

Durch die Anlegung aller jener neuen, mit Palästen besetzten Strassenzüge und Plätze, welche die Erweiterung des I. Bezirkes zur Folge hatte, vor allem durch die Schaffung der Ringstrasse, wurde Wien zur eigentlichen Grossstadt gemacht.

Da jedoch diese Bauperiode vorwiegend auf die Assanierung und Verschönerung, und nur unwesentlich auf die räumliche Erweiterung Wiens einen Einfluss hatte (siehe die Entstehung des X. Bezirkes), so müssen wir die interessante und wichtige, aber nicht in den Rahmen der vorliegenden Schrift fallende Thatsache hier übergehen und können ihrer auch später nur, gelegentlich der Besprechung der einzelnen Illustrationen, vorübergehend erwähnen.

DIE ST. RUPRECHTSKIRCHE.
(Illustration Seite 15.)

Ein Zeitgenosse der Babenberger, der Wiener Bürger Enenkel, ist es, der in seiner Reim-Chronik bereits der St. Ruprechtskirche, als der ältesten Kirche Wiens, gedenkt:

„Die chirich stet nidert so wol
„sam gegen den werd auf der haide
„do hat sie schön augen weide . . . .
„do wart die gruntfest gegraben
„vnd auch die chirich schon erhaben
„vnd wart geweicht also here
„in Sand Ruechprechez ere
„alz sen noch heut ist bechant
„in Wienne sie die pharr wart genannt."

Aus den Tagen Friedrich IV. dürfte jene Inschrift stammen, welche, im Innern der St. Ruprechtskirche befindlich, uns als Erbauer dieses Gotteshauses die geliebten Schüler des heiligen Ruprecht, Cunald und Gisalrich, bezeichnet. Dieser Inschrift zufolge soll die Kapelle im Jahre 740 erbaut worden sein; es ist aber mehr als wahrscheinlich, dass dieselbe aus einem römischen Tempel entstand, und dass die erwähnten Glaubensaposteln an dieser Stelle ein christliches Bethaus errichteten, an welcher 43 Jahre später, im Jahre 783, Bischof Virgil von Salzburg die Kapelle erbauen liess.

Als die römischen Machthaber den oberen Donaugegenden eine grössere Aufmerksamkeit schenkten, und die Vermehrung der für Vindobona systemisierten Besatzung beschlossen wurde, lag auch die Veranlassung vor, an die Vergrösserung des bisherigen Standlagers zu schreiten.

Die erste Erweiterung von Vindobona wurde durchgeführt, und das Terrain der späteren Ruprechtskirche in diese Erweiterung einbezogen.

Die St. Ruprechtskirche, deren urkundlich zuerst im Schottner Stiftungsbrief des Jahres 1158, als innerhalb der Stadtmauern befindlich, erwähnt wird, steht — gleich der Kapelle Maria am Gestade — im ältesten Theile der Stadt auf einem gegen die Donau steil abfallenden Hügel, welcher im Laufe der folgenden Jahrhunderte nur theilweise nivelliert und nach und nach mit Häusern bebaut wurde.

Die Burg zu Zeiten Ferdinands II.
(Text Seite 23.)

Heute ist diese Lage allerdings nicht mehr so ausgeprägt, wie vor 1000 Jahren, als noch zu Füssen des Hügels ein Graben bestand, ein Graben, an dessen Stelle sich jetzt die Kohlmessergasse, das eine Ende des Salzgrieses und der „tiefe Graben" befinden.

Auf einem ähnlichen, ganz abgesonderten Hügel stand die Capelle Maria am Gestade. Hart am Strome (am Gestade) erhob sich dieses Schifferkirchlein, welches „unserer lieben Frau" geweiht war, das unter Heinrich Jasomirgott im Jahre 1154 erneuert und erweitert und von dessen Bruder, dem Bischof Konrad von Salzburg, eingeweiht wurde.

Ein dritter derartiger Hügel erhob sich vor der ehemaligen Schlagbrücke gegen St. Lorenz hin, ein vierter bei St. Stephan.

Die Kirchlein Mariastiegen und St. Ruprecht standen frei und hoch, und ungehindert konnte der Blick ihrer Besucher die Wässer der zu ihren Füssen sich hinschlängelnden Donau überschauen.

Bald siedelten sich um St. Ruprecht Fischer und Schiffer an. Sie fanden hier noch aus der Zeit der Römer allenthalben Baumateriale, um sich an dieser Stätte bequem einen bleibenden Sitz gründen zu können, und nach verhältnissmässig kurzer Zeit war die Kapelle von Häusern eingeschlossen.

Schon um das Jahr 1200 war der Platz, auf welchem die St. Ruprechtskirche stand, ein sehr ansehnlicher, der den Namen Kienmarkt führte.

In unmittelbarer Nähe davon befanden sich drei Häuser des mächtigen Bürgergeschlechtes der Würfel, dessen Besitz Herzog Albrecht im Jahre 1373 von der Witwe Heinrich Würfels, des alten Münzmeisters ankaufte, um sie der Karthause Gamming zu schenken.

Daneben erhob sich das Prägheus (Münzamt), später Salzamt. — Dieses Haus, welches Herzog Wilhelm im Jahre 1397 durch Kauf vom Münzmeister Hanns von Tirna, der hier die Wiener Pfennige prägte, erwarb, zählt Bonficius, der Geschichtsschreiber des Mathias Corvin zu den Prachtgebäuden der Stadt Wien.

Zur St. Ruprechtskirche führte einstens vom Salzgries, auf welchem die Salzschiffe landeten, der Ruprechtsteig und die Fischerstiege empor.

Lange Jahre hindurch unterhielt die Brüderschaft der Salzer durch fromme Gaben Kirche und Altar, auf welchem St. Ruprecht, als Wiederauffinder der schon den Römern bekannten Salzbergwerke, eine Salzkufe in der Hand haltend, inbrünstig verehrt wurde.

Später war es Georg von Auersperg, Albrecht V. Pfleger und Amtmann der landesfürstlichen Salzkammer zu Gmunden, welcher — wie eine Inschrift an der Kirchenwand (*Georgius. Ab. Auersperg. Nobilis. Carniolus. Pene. Collapsam. Restauravit. Anno. MCCCCXXXVI.*) erweist — das dem Einsturze nahe Kirchlein aus eigenen Mitteln wieder herstellte.

Im Jahre 1533 überliessen die Schotten St. Ruprecht nebst dem anliegenden Wohnhause den durch die Türkenbelagerung aus St. Theobald auf der Laimgrube vertriebenen Franziskanern, und als diese im Jahre 1545 das St. Niklaskloster in der Singerstrasse bezogen, fiel es wieder an seine alten Wohlthäter, die Salzer, bezw. an die Oberamtmänner des Salzamtes zurück, welche es in den Jahren 1627 und 1703 Restaurierungen unterzogen.

Da St. Ruprecht, ausser den Stiftmessen keinen Fonds ausweisen konnte, traf in der josefinischen Periode dieses Kirchlein, sowie alle kleineren Kirchen und Kapellen, welche nicht in der Lage waren, die Mittel zu ihrem Bestande auszuweisen, ein harter Schlag: es wurde gesperrt; und erst nachdem die Hieronymitaner aus ihrem Hofe in der Bäckerstrasse vertrieben worden waren, wurde ihnen das uralte Kirchlein eingeräumt und dort neuerdings das Wort Gottes verkündet.

Befestigung beim Schottenthor (erste Hälfte des 17. Jahrhunderts).
(Text: Seite 33.)

Obwohl die Hieronymitaner gänzlich ausstarben, obwohl die St. Ruprechtskirche während der zweiten französischen Invasion als Magazin verwendet wurde, erhielt dennoch frommer Sinn das uralte Gotteshaus, und bis auf den heutigen Tag betet man an der Stelle, an der schon vor mehr denn tausend Jahren gläubige Christen Gott und seine Heiligen verehrten.

DIE ST. STEPHANSKIRCHE.

(Illustration: Seite 17.)

Der Babenberger Leopold IV. legte im Jahre 1137 den Grund zu der ältesten Stephanskapelle; sie war im romanischen Stile erbaut, und der Passauische Bischof hatte über sie pfarrherrliche Rechte.

Schon um diese Zeit befand sich an der westlichen Seite der Kapelle ein Friedhof. Heinrich Jasomirgott beschloss, diese Kapelle zu einem Münster umzubauen und denselben dann in das Stadtgebiet einzubeziehen. Er legte im Jahre 1144 den Grundstein zu dem neuen Bau, welcher bereits im Jahre 1147 vollendet und durch den Passauischen Bischof Regimbert (einem Bruder des Herzogs) geweiht wurde.

Der erste Pfarrer dieser Kirche hiess Eberhard Huber. Er war ein äusserst frommer, gottergebener Priester, der von seinen Zeitgenossen kurzweg Eberhard von Wien genannt wurde.

Von dem damaligen Bau der Stephanskirche stehen noch heute die beiden Thürme — welche später und bis auf die heutige Zeit die Heidenthürme genannt wurden — und die Emporkirche.

Gelegentlich der Stadterweiterung in den Jahren 1187—1194, welche das Gebiet Wiens nahezu um das doppelte vergrösserte, wurde auch die Stephanskirche in den Rayon der Stadt einbezogen. Unser Bild (Seite 17) veranschaulicht die Stephanskirche aus der Zeit vor der Hinausrückung der Stadtmauern.

Der freie Platz mit dem Baume ist der spätere „Stock im Eisenplatz", auf welchem um jene Zeit noch einzelne Bäume standen, deren einer zum volksthümlichsten Wahrzeichen Wiens wurde: der sogenannte „Stock im Eisen".

Dieser ist ein Baumstamm, welcher seiner originellen, durch eng aneinander befindliche Nägeln bewirkten Eisenbekleidung eine gewisse populäre Berühmtheit erlangte, wozu ihm allerdings die bekannte Sage, die sich an ihn knüpft, mit verhalf.

Die grossen Feuersbrünste, welche Wien in der 2. Hälfte des 13. Jahrhunderts heimsuchten, beschädigten auch die Kirche, weshalb über Ottokars Initiative an eine Restaurierung, beziehungsweise an einen Neubau geschritten wurde, wobei auch der Pfarrhof (jetzt steht an dessen Stelle der fürsterzbischöfliche Palast) neu erbaut wurde. Die ganze Kirche wurde erhöht und in den Grundmauern verstärkt, bei welcher Gelegenheit auch die Vorlage des Riesenthores entstand.

Eine neuerliche Vergrösserung wurde unter Herzog Albrecht II. vorgenommen; die Westseite wurde bedeutend erhöht, die Unterkirche ihrer Breite nach bis zu den jetzigen Hauptmauern erweitert und ein Chor errichtet, der bis an den jetzigen Hochaltar reichte.

Die Bauhütte stand um jene Zeit an der Stelle, wo sich jetzt das Alumnat befindet.

Auch Herzog Rudolf IV. sorgte für die Vergrösserung und Ausschmückung der St. Stephanskirche; die bereits von seinem Vater begonnenen Neubauten wurden nunmehr energisch fortgesetzt.

Er vollendete den Bau des unteren Kirchentheiles, liess das hohe Dach aufsetzen und gab der Kirche (wenigstens dem unter seiner Aegide ausgearbeiteten Plane nach) die gegenwärtige Gestalt.

Mit zahlreichen Zierarbeiten, Bildsäulen etc. wurde das Innere und Äussere der Kirche geschmückt, und unter Rudolf auch der Grund zu den beiden hohen Thürmen gelegt, welche nach des Herzogs Absicht, die Kirche zieren sollten. Von ihm wurde auch die Fürstengruft bei St. Stephan gestiftet. Auch unter den Nachfolgern Rudolfs, besonders unter Kaiser Albrecht II., wurde eifrig an der Vergrösserung und Verschönerung der Stephanskirche gearbeitet. In der Zeit von 1365—1395 wurden das Langhaus, der Seitenflügel des Westportales (Elisius- und Kreuz-Capelle) die Katharinen-Capelle an der Seite des Hochthurmes und das Singer- (Bischofs-) Thor erbaut, und am 3. October 1433 erfolgte endlich die Krönung der Thurmspitze (des einen Hochthurmes) nachdem schon vorher die prachtvolle Kanzel vollendet worden war.

Im Jahre 1446 wurde das Langhaus eingewölbt, und im Jahre 1490 die ganze Bedachung vollendet.

Da widrige Umstände den Ausbau des zweiten Hochthurmes verhinderten, wurde im Jahre 1579 dieser seit 1511 unausgebaut gebliebene Thurn mit einem Aufsatze bedeckt und mit einem Kupferdache versehen.

Das Schottenthor
zu Beginn der zweiten Hälfte des 19. Jahrhunderts.
(Text: Seite 33.)

Auch die folgenden Herrscher wendeten ihre Fürsorge der ehrwürdigen Kirche zu, und wurden z. B. in der jüngsten Zeit, (unter Kaiser Franz Josef I.) der Ausbau der Giebel auf der Süd- und Nordseite, die Abtragung des schadhaft gewordenen Hochthurmes u. s. w. vorgenommen. Der Thurm zu St. Stephan ist eines der markantesten Wahrzeichen der Stadt.

DAS ST. NICOLAIKLOSTER.
(Illustration: Seite 19.)

Bereits im Jahre 1319 wird des Nonnenklosters St. Nicolai vor dem Stubenthore Erwähnung gethan. — Die vorzügliche Lage dieses Klosters — an der ungarischen Landesstrasse — und die weitläufigen Besitzungen, welche den Nonnen zu St. Nicolai gehörten, hatten mannigfache Ansiedlungen zufolge, so dass sich in verhältnissmässig kurzer Zeit hier ein Dorf bildete, welches den Namen „Bei St. Niclas an der Landstrasse" erhielt. Es dehnte sich rasch und sehr bedeutend aus, und die Häuser von St. Niclas reichten schon im Jahre 1485, als Mathias Corvin das Kloster mit Sturm einnahm und um welche Zeit das ehemalige Dorf bereits die Rechte einer Wiener Vorstadt genoss, bis knapp an das Ufer des Wienflusses. Die Verbindung zwischen Stadt und Vorstadt wurde durch eine feste, steinerne Brücke hergestellt, mit deren Bau im Jahre 1397 begonnen wurde und welche anno 1404 vollendet war. Diese Brücke (Stubenthorbrücke) besteht heute noch; nur das Steingeländer, das sie hatte, und eine in ihrer Mitte befindlich gewesene Säule wurden im Laufe der Jahrhunderte entfernt. Als im Jahre 1529 die Türken Wien belagerten, wurden auch die Vorstadt St. Niclas und das prachtvolle St. Nicolai-Kloster zerstört, und einige Dezennien vergiengen, ehe sich auf den verödeten Gründen neue Ansiedlungen erhoben, welche jedoch im Jahre 1683 neuerdings den Türken zum Opfer fielen. Erst nach dem Jahre 1690 begann man über Veranlassung des Wiener Magistrates, die verödet und in Trümmer liegenden Häuser und Höfe durch Neubauten zu ersetzen, und in rascher Folge entstanden in dieser Gegend viele private und öffentliche Gebäude und Strassenzüge.

DIE BURG.
(Illustration: Seite 21.)

Herzog Leopolds des Glorreichen weit aussehender Blick erkannte, dass die von ihm angestrebte Vergrösserung seiner Residenz Wien am Zweckmässigsten vorbereitet werde, wenn er selbst die Initiative zu der Erweiterung ergreife.

Da die alte Babenberger-Burg „am Hof" in Anbetracht der vergrösserten Hofhaltung, des die Wissenschaft und Kunst unterstützenden Herzogs, ohnehin nicht mehr im Stande war, eine würdige Heimstätte für ihn abzugeben, beschloss er, sich und seinen Nachfolgern eine neue Burg zu erbauen, welche im Jahre 1221 an jener Stelle, an der sich heute der Schweizerhof befindet, erstand. Die neue Burg war ein viereckiges, massives Gebäude, welches einerseits durch Mauern, Gräben, starke Thürme an den Ecken und die durch Zugbrücken gedeckten Thore, anderseits durch zahlreiche Fenster, Erker, Balkone ein sehr interessantes Äussere erhielt.

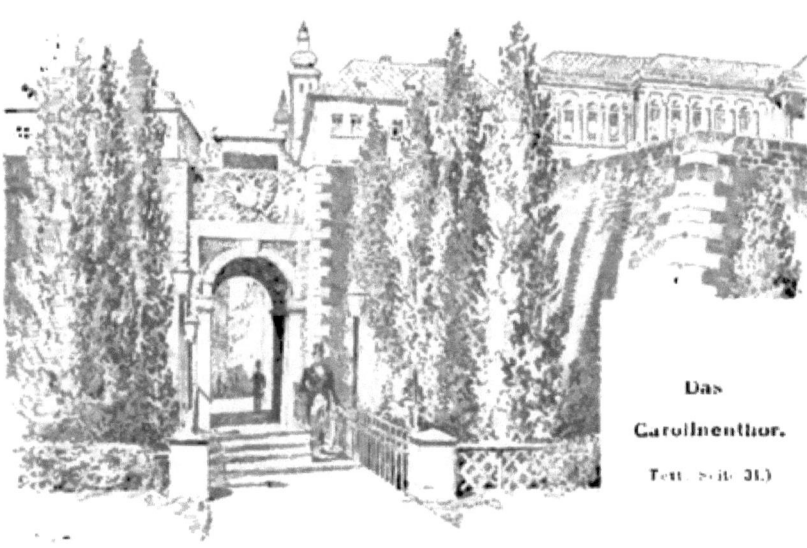

Das Carolinenthor.
(Text Seite 31.)

Wie Leopold vorausgesehen, hatte die Verlegung der Burg einen wesentlichen Einfluss auf die Erweiterung der Stadt, denn die grosse Anzahl der Ministerialen und Hofbediensteten siedelten sich nunmehr in der Nähe der Burg und des neuen Pfarrhofes St. Michael an, und die von ihnen erbauten Häuser und Höfe bildeten bald mehrere Gassen. Es entstand eine „Vorstadt", aus welcher später der Kohlmarkt und ein Theil der Herrengasse entstand. Beide Gebäude, die Burg und die Kirche zu St. Michael lagen damals ausserhalb der Stadtmauer und längs derselben zog sich die Heer- oder Hochstrasse hin, welche *alta strata* und erst später von den daselbst zwischen dem Schotten-Kloster und der Burg erbauten Herrenhäusern, den Namen „Herrengasse" erhielt. Diese Theile der Stadt wurden erst unter der Regierung Ottokars in die Befestigung Wiens mit einbezogen.

In der Gestalt, welche der glorreiche Leopold seiner Burg verliehen, präsentirte sich dieselbe trotz wiederholter Um- und Zubauten einige Jahrhunderte hindurch, in ihrem Aeusseren stets die ursprüngliche Anlage verrathend.

Selbst die im Laufe der Zeiten vorgenommene Entfernung der vier Eckthürme und deren Ersetzung durch mehrere kleinere Thürmchen vermochte nicht, das charakteristische Bild der alten Herzogsburg zu verwischen.

Erst unter Ferdinand I. und Leopold I., unter dessen Regierung im Februar 1668 in jenem von ihm neuerbauten Gebäude zwischen dem Schweizer- und Amalienhofe die heftige Feuersbrunst ausbrach, welche diesen Neubau vollkommen zerstörte, wurde durch Demolierung und Adaptierung von Nachbargebäuden, Aufsetzen von Stockwerken eine vollständige Umgestaltung der Burg herbeigeführt.

Auch Karl VI. und die grosse Kaiserin Maria Theresia widmeten der Ausschmückung der inneren und äusseren Hofburg ihre Sorgfalt, und auch von Kaiser Josef II. an bis in unsere Zeit wurden an der k. k. Burg bauliche Veränderungen vorgenommen.

Die Baugeschichte der Burg lehrt, dass Umgestaltungen an diesem Fürstensitze stets Ursache oder Folge von der räumlichen Erweiterung der Stadt Wien gewesen.

Auch heute ist es noch so. Als vor Jahren der beengende Gürtel, der die innere Stadt umfieng, gefallen war, diese sich gewaltig streckte und dehnte und sich schliesslich mit einem herrlichen Ring von prachtvollen Neubauten umgab, da fühlte man erst so recht, wie einfach und bescheiden die alte Kaiserburg sich präsentiert. Und als im Jahre 1872 unserem geliebten Kaiser Franz Josef I. die Pläne vorgelegt wurden, welche sich auf den Neubau der Hofburg bezogen, da sprach er die denkwürdigen Worte: „Ich will an die Vollendung meines eigenen Hauses nicht früher schreiten, bis nicht die öffentlichen und Privat-Bauten meiner lieben Wiener beendet sind; dann aber soll meine Baulust und Bauthätigkeit gegen die der Uebrigen wohl nicht zurückbleiben."

THORE UND THÜRME.

Das Municipium Vindobona, der bürgerliche Stadttheil während der Herrschaft der Römer, hatte 2 Thore, deren eines in der Nähe der heutigen hohen Brücke in das Lager führte und durch deren anderes eine Verbindung zwischen der, von der heutigen Freiung kommenden Municipalstrasse und der Veteranenstadt hergestellt wurde.

Zu Zeiten Heinrich Jasomirgotts unter dessen Regierung das Gebiet Wiens wesentlich erweitert wurde, besass die Stadt mehrere Thore, und zwar in der Wipplingerstrasse, auf dem

Heidenschuss, das Peiler- oder Bairerthor in der Nähe des Kohlmarktes, dann solche am Austritte der Goldschmiedgasse, beim Lichtensteg, beim Katzensteig und (bei Maria am Gestade) das Fischerstiegenthor.

Herzog Leopold der Glorreiche, der mit richtigem Sinne erkannte, dass die Mauern, welche seine Hauptstadt umgaben, der gedeihlichen Entwicklung derselben in höchsten Grade nachtheilig seien, liess eine bedeutende Erweiterung der Stadtmauern eintreten und bezog mehrere wichtige Gebäude, wie z. B. die St. Stephanskirche, die St. Jakobskirche und die Wollzeile, den Wohnsitz der reichen Kaufleute, in die Stadt ein. Dieser Erweiterung fielen zwei Thore zum Opfer, da sie nunmehr

Das Neuthor.
(Text: Seite 34.)

innerhalb der Stadtmauern lagen, und zwar das Thor beim Lichtensteg und das Thor auf dem Katzensteig, welches allerdings noch Jahrhunderte lang bestand, aber seinen eigentlichen Zweck, als Thor, verloren hatte; hingegen war es nöthig, zwei neue Thore anzulegen: eines an dem Ende der Rothenthurmstrasse (nach dem dort gestandenen, mit rother Farbe bemalten Thurme so benannt), das andere an dem Ausgange der Wollzeile, welch' letztere (nach einigen Forschern) wegen der dort schon im Jahre 1100 bestandenen Badestuben — anderen Forschern zufolge wegen der dort befindlich gewesenen Trinkstuben — das Stubenthor genannt wurde. Das an dem Ausgange des Schlossergässchens gestandene Kärntnerthor wurde etwas weiter gegen Osten verlegt.

Nach der Feuersbrunst im Jahre 1262 wurden die Stadtmauern hinausgerückt, wodurch das Kärntnerthor an der Ecke des Rossmarktes (Stock-im-Eisen-Platz) entfiel und der Name auf das an dem Ende der Kärntnerstrasse neu errichtete Thor übergieng. Neben der Burg wurde ein neues Thor, das Widmerthor, erbaut, während das Peiler- (Bairer-) Thor nun innerhalb der Stadt zu liegen kam, jedoch erst im Jahre 1732 demoliert wurde. Auch das vor dem Schottenkloster befindliche Thor wurde entfernt, und dessen Name auf das neu erbaute übertragen, welches hierauf neben dem nun zur Stadt gehörigen Kloster, in die Vorstadt führte. In der Verlängerung der hohen Brücke stand der Judenthurm und in der Nähe des nachmaligen Arsenals das neue Werderthor.

Im Laufe der Jahrhunderte wurden nun ab und zu theils neue Thore erbaut, theils alte demoliert; es waren hiefür Rücksichten auf die Erweiterung Wiens, sowie fortificatorische Massnahmen geltend. Als zu Anfang des 18. Jahrhunderts eine Ausbesserung der Wiener Festungswerke nöthig war, wurden bei dieser Gelegenheit bei den Thoren der Stadt Wach- und Mauthhäuser erbaut. Im Jahre 1858 wurde mit der systematischen Abtragung aller bis dahin bestandenen Thore und Thürme begonnen, und die Jahrhunderte hindurch von Mauern verfinsterten Stadttheile bekamen endlich Luft und Licht.

Ein städtischer Codex aus dem Jahre 1418 erwähnt des Bestandes von 19 solcher Thürme. Sie hiessen: Der rothe Thurm, ein nicht benannter Thurm daneben, der Hafnerthurm (gegen den Auwinkel), der Anglbeckenthurm, der Piberthurm, der Stubenthurm, der Kärntnerthurm, der Widmerthurm, der Schottenthurm, der Judenthurm, der Haunoldsthurm, der Würffelsthurm, der Drahtgangthurm, der Thurm auf der Goldschmidt, der Werderthurm, Meister Petreims Thurm, der Salzgriesthurm, der Salzthurm und der Thurm nächst der Fischerthür.

Aber nicht nur die innere Stadt war mit einem derartigen Befestigungsgürtel umgeben, auch die einzelnen vor der ersten Türkenbelagerung blühenden Vorstädte waren mit Thoren, Thürmen und verschiedenen Bollwerken cerniert. Derartige äussere Thore der die Stadtmauern umlagernden Vorstädte waren: das Alserthor, das Ullrichsthor, das Thor bei St. Tibolt, das Permannsthürl, das Paukerthor, das Thürl beim Königsweiher, das Thor beim neuen Thurm, das Ochsenthor, das Thor bei St. Niclas auf der Landstrasse und das Thor hinter den Irrherrn (Weissgärbern). Ausserdem bestanden noch mehrere Vorstadtthore, wie: In der Kumpfhucken vor dem Kärntnerthor, bei St. Maria Magdalena (in der Währingerstrasse) etc. Von den Vorstadtthürmen sind urkundlich erwähnt: der Thurm bei St. Tibold (auf der Laimbgrube), das Permannsthürmlein (auf dem Rennweg), der Lasslathurm (auf der Wieden), der St. Niclasthurm (auf der Landstrasse), der Scheiblingsthurm (unter den Weissgärbern), der Georgsthurm (vor dem Schottenthor) und der Amtsthurm (vor dem Kärntnerthore). In der Zeit vom Jahre 1434—1478 schritt man an die Errichtung von Bollwerken in den einzelnen Vorstädten, und wurden solche erbaut: beim Salzthurm, bei St. Anton (Wieden), bei St. Niclas (Landstrasse), auf dem Kettelbühel, in der Alser- und Klosterneuburgerstrasse, auf der Wieden, die Bastei auf dem Neustift, die Bastei auf dem Fraueneck (an der Wien), die Steigerbastei (auf der Landstrasse), am Döblinger Bache, vor dem Stubenthore „am Mist", dann im oberen Werd (Rossau), beim St. Tibolt-Garten, auf der Hirschpeund in der späteren Rabengasse), ober den Fischern an der Donau in der Nähe der späteren Augartenbrücke,

Das Fischerthor.
(Text: Seite 34.)

im Werd (Leopoldstadt), am Rossfreyhof (Rossau) und die neue Bastei bei St. Niclas auf der Landstrasse. Alle diese Bollwerke, Thürme und Thore wurden vor und während der ersten Türkenbelagerung im Jahre 1529 theils von Feindes-, theils von Freundeshand geschleift, beziehungsweise zerstört.

Sie verschwinden mit diesem Jahre für immer bis auf die Vorstadtzäune, welche im 17. Jahrhunderte bis zum Baue der Linienwälle zeitweilig gegen die Pestverdächtigen errichtet wurden, um deren Einschleichen zu verhindern. Die türkische Belagerung (1529) überzeugte die massgebenden Kreise, dass sich eine so ausgedehnte Fortifications-Linie bis zu den Vorstadtzäunen nicht vertheidigen lasse, und diese Ueberzeugung war auch die Ursache, weshalb später die Befestigung blos auf die innere Stadt beschränkt wurde.

Es ist selbstverständlich, dass den Einlässen in eine Stadt von jeher die grösste Aufmerksamkeit zugewendet wurde.

Dies war auch in Wien der Fall.

Der Verkehr zwischen der Stadt einerseits und den Vorstädten anderseits unterlag seit dem Mittelalter einer strengen Überwachung.

Die Thore waren nur bei Tage geöffnet und wurden bei einbrechender Dämmerung geschlossen.

Der Wächterdienst bei den Wiener Stadtthoren war anfänglich bewaffneten Bürgern, später der „Tag- und Nachtwache", welche unter Befehl eines Oberstwachtmeisters stand, anvertraut; aus ihr entstand in den Jahren 1563—1569 die Wiener Stadt-Quardia, welche streng militärisch organisirt, auch den Wachtdienst bei den Thoren versah.

Für diese Organe wurden knapp neben den Thoren, später auf der Kärntner-, Schotten- und Biber-Bastei, kleine ebenerdige Häuschen erbaut, in welchen die Stadtquardia-Soldaten zu wohnen bemüssigt wurden.

Nach Auflösung der Stadt-Quardia (1741) schritt man auch an die Entfernung dieser Soldatenhäuser.

Die schon früher, neben der Stadt-Quardia bestandene Rumorwache übernahm den Dienst auch bei den Thoren und versah ihn daselbst bis zum Jahre 1773, um welche Zeit die Polizeiwache in's Leben trat, welcher im Jahre 1848 auf kurze Zeit die Municipalgarde folgte.

Seit dem Mittelalter bis gegen Ende des vorigen Jahrhunderts wurde mit Ausnahme von Lastwagen der Gesammt-Verkehr zwischen der Stadt und deren Vorstädten nur durch die 6 Thore: Burgthor, Kärntnerthor, Stubenthor, Rothenthurmthor, Neuthor und Schottenthor vermittelt.

Jedes dieser Thore war seinerzeit mit einer Aufzugsbrücke versehen, von welcher aus die Passanten über einen langen Graben zu dem Schutzgitter gelangten, von wo aus erst der Weg zum Schlagbaum und zwischen einer Reihe von Pallisaden in die betreffende Vorstadt führte.

Den Lastwagen war aus fiscalischen Gründen lediglich der Verkehr durch das Rothenthurmthor gestattet, in dessen Nähe sich das alte „Mauthhäusel" befand.

Unweit der Thore erhoben sich Thürme, welche zu deren Schutz erbaut waren.

Nach der Erfindung des Schiesspulvers und der hiedurch bedingten gänzlichen Umgestaltung des Kriegswesens, hatten selbstverständlich die Ringmauern und mit ihnen die Thürme und Gräben ihren eigentlichen Zweck verloren.

Es entstanden jetzt Basteien, Eck- und Brustwehren, neue Vorwerke wurden erbaut, die Thürme nach und nach demoliert oder mit den Mauern und Thoren — wie dieses bei dem Schottenthore und Stubenthore der Fall gewesen — zu einem Objecte zusammengefügt.

DAS SCHOTTENTHOR.
(Illustrationen: Seite 23 und 25.)

Der Schottenthurm gehörte zu den ältesten Befestigungsthürmen Wiens; es geschieht seiner schon um das Jahr 1300 Erwähnung. An seine Stelle wurde das Schottenthor erbaut, von dem aus eine Brücke über den Stadtgraben in das Vorwerk und von hier in das ausserhalb der Stadt gelegene Gebiet führte. Das Schottenthor hatte ein Geh- und ein Fahrthor. Die Aussenseite desselben, im Jahre 1656 vollendet, hatte die Aufschrift: *F. III. R. I. A. A. MDCLVI.* Die Aufschrift ober dem Thore der

Das Burgthor.
(Text: Seite 34 und 35.)

Innenseite, im Jahre 1724 vollendet, lautete: *Carl VI. D. G. R. I. S. A. GE. HI. HV. BO. REX. A. A. D. B. C. T. Anno Domini 1724.*

In dem folgenden Jahrhunderte wurden mehrere einschneidende Veränderungen an dem Thore vorgenommen. Im Jahre 1836 als das Guldner'sche Haus, — welches mit dem Schottenthore ein Gebäude bildete — niedergerissen wurde, entschloss man sich, auch die Thoreingänge zu erweitern, d. h. dieselben um zwei Fahr- und ein Gehthor zu vermehren. Das Thor erhielt eine Plattform und die Aufschrift: *Ferdinand I. 1836.*

Die Abbildung auf Seite 25 veranschaulicht uns das Schottenthor um das Jahre 1860. Der Vordergrund zeigt uns den Stadtgraben. Im Hintergrunde sieht man — der Reihenfolge nach — den Thurm von St. Stephan, den der Schottenkirche und die Kuppel der St. Peterskirche.

DAS CAROLINENTHOR.
(Illustration: Seite 27.)

Das Carolinenthor, im Jahre 1817 eröffnet, erhielt seinen Namen zu Ehren der Kaiserin Caroline. Der Durchbruch durch die Stadtmauern an dieser Stelle erfolgte auf Kosten der Gemeinde, welche auch — in Verbindung mit diesem neuen Thore — eine Bohlenbrücke über den Wienfluss erbauen liess.

Das Carolinenthor stand zwischen zwei Häusern, von deren einem, eine dem öffentlichen Verkehre zugängliche Stiege auf die Bastei führte.

Als dieses Haus im Jahre 1840 niedergerissen wurde, bekam das Thor eine „Thorwache".

Unser Bild zeigt uns das Carolinenthor von der Vorstadtseite aus. Rechts oben befindet sich das Coburgpalais.

Die Thoraufschrift lautete: *Franciscus I. Imperator 1817.*

DAS NEUTHOR UND FISCHERTHOR.
(Illustrationen: Seite 29 und 31.)

Das Neuthor wurde im Jahre 1560 eröffnet und im Jahre 1860 demoliert. Die zum Tode durch den Strang verurtheilten Verbrecher wurden von der Stadt aus durch dieses Thor auf den Richtplatz geführt.

Das Fischerthor, in der Nähe des Fischmarktes gelegen, hiess früher Salzthor, unter welchem Namen es schon vor dem Jahre 1529 urkundlich erwähnt wird.

Es hatte ein Fahrthor und einen Gehweg und wurde im Jahre 1860 demoliert.

DAS BURGTHOR.
(Illustration: Seite 33.)

Als in der zweiten Hälfte des XIII. Jahrhunderts abermals eine Erweiterung der Stadt Wien erfolgte, benützte man zur Erbauung der neuen Mauer auch die mannigfachen römischen Umwallungs-Reste. Die neue Mauer schloss sich bei der Singerstrasse der alten an, umfasste die von der Kärntnerstrasse abwärts laufenden Gassen, reichte bis zur Burg und bezog die Minoritenkirche, das Schottenkloster und die Herberge im Elend in den Stadtrayon ein. Hiedurch wurde der Umfang der Stadt Wien um mehr als das doppelte erweitert.

Neben der Burg wurde ein neues Thor angebracht und dasselbe — nach dem nahen Widmarkt (der Holzmarkt auf dem Michaelerplatz) — Wid- oder Widmer-Thor genannt.

Das Stubenthor.
(Text. Seite 34.)

Kaiser Ferdinand I. liess den Widmerthorthurm abtragen und eröffnete in der Stadtmauer ein neues Thor, das Burgthor, weil das daneben gelegene Widmerthor durch die Anlegung eines Bollwerkes vor demselben unbenützbar wurde. Das alte äussere Burgthor wurde unter der Regierung des Kaisers Leopold I. im Jahre 1660 zum Zwecke des Abschlusses der von diesem Herrscher bewerkstelligten, grösseren Fortifications-Bauten errichtet.

Es hatte ein Einfahrtsthor und zwei Gehthore, von deren letzteren jedoch eines, bald nach der Errichtung, wieder vermauert und somit der Benützung entzogen wurde.

Oberhalb des Thores, an seiner Aussenseite, befanden sich zwei Sculpturen, das böhmische und das ungarische Landeswappen darstellend, und die Aufschrift: *Leopoldus Roman. Imperat. Archid. MDCLX.* Durch die im Jahre 1818 bewirkte Demolierung des alten Burgthores wurde eine ungemein lästige Passage beseitigt.

Der Weg führte früher vom inneren Burgthor, das sich beim Leopoldinischen Tract unterhalb des neuen Rittersaales befand, zu einem zweiten Thore, welches in einem schiefen Winkel unter der Bastei endete und „das finstere Thor" hiess.

Aus diesem Thore gelangte man auf einer, den Stadtgraben übersetzenden hölzernen Brücke zu einem dritten Thore, welches gleichfalls in einen schiefen Winkel gestellt war, und vor welchem Thore man noch einen letzten Wall zu passieren hatte, um endlich das Glacis zu erreichen.

Das finstere Thor befand sich beiläufig an der Stelle des heutigen äusseren Burgthores, nur war es, wie gesagt, schief angelegt und 34 Meter näher gegen die Burg gerückt.

Es hatte seinen Namen von der viele Meter langen, finsteren Passage (ein Fahrweg und zwei Gehwege), oberhalb welcher sich die Bastei ausbreitete.

Das neue (äussere) Burgthor wurde im Jahre 1819 von dem Hofbaurathe Peter de Nobile entworfen.

Nach den Demolierungs-Arbeiten des Jahres 1821, welchen u. a. auch die Spanische Bastei zum Opfer fiel, wurde mit dem Bau des neuen, äusseren Burgthores begonnen und dasselbe am 18. October 1824, zur Erinnerungsfeier an die Schlacht von Leipzig, eröffnet und dem allgemeinen Verkehre übergeben.

Der Bau war nach dem Muster der Propyläen in Athen ausgeführt. Die fünf Thore, von welchen die beiden Seitenthore als Gehwege benützt werden, sind durch vier Reihen dorischer Säulen von einander geschieden, und über dem Mittelthore (aussen) stehen die Worte: *Franciscus I. Imperator Austriae MDCCCXXIV*, während der innen, gegen die Hofburg gerichtete Theil dieses Thores durch den kaiserlichen Wahlspruch: *Justitia Regnorum fundamentum* geschmückt wird. Die Seitenflügel des Thores wurden theils zu einer Wachstube, theils zur Kanzlei des Fortificatoriums verwendet. Zu beiden Seiten wurden Gärten angelegt, deren einer, der Volksgarten, bald zu den beliebtesten Promenaden der Wiener zählte, deren anderer, der Kaisergarten, für den Privatgebrauch der kaiserlichen Familie reserviert wurde.

Vor dem Burgthore standen bis in die zweite Hälfte dieses Jahrhunderts zwei Reihen herrlicher Alleen, wie dies unser Bild veranschaulicht. Bei Anlegung der Ringstrasse erlitt der Vordergrund des Burgthores naturgemäss eine Veränderung: die Alleen fielen, und bald wird das Thor selbst, welches jetzt schon von den Colossalbauten der beiden Museen und dem vorwärts schreitenden Prachtbau der neuen Kaiserburg nahezu erdrückt wird, der Demolierung anheimfallen.

DAS STUBENTHOR.

(Illustration: Seite 35.)

Bereits im 14. Jahrhunderte war der Stubenthurm einer der vier wichtigsten Bollwerke der Stadt Wien. Auf der Grundfeste dieses alten Stubenthurmes wurde um das Jahr 1600, und zwar mit den Steinen der zerstörten, alten Dominikanerkirche das Stubenthor aufgeführt. Es war eines der wenigen, gradelinigen Thore, hatte ein Geh- und ein Fahrthor und besass oberhalb des Letzteren ein Thürmchen. Im Laufe der Jahre wurden an diesem Thore mannigfache Veränderungen vorgenommen. Die Façade erhielt eine andere Gestaltung, das Thürmchen wurde entfernt, und — dem starken Verkehre Rechnung tragend — ein zweites Gehthor eröffnet.

Die Abbildung auf Seite 35 zeigt uns das Stubenthor, wie dasselbe im Jahre 1856, zwei Jahre vor seiner Demolierung aussah.

Im Hintergrunde links erblicken wir das heute noch bestehende Gebäude, Wollzeile 36, von welchem aus das Leichenbegängnis Bauernfelds, der hier viele Jahre wohnte, stattfand; rechts sehen wir das Dominikanerkloster und die gleichnamige Kirche.

Die zwei Thürme sind jene der Universitätskirche. Ganz im Vordergrunde links sehen wir einen Polizeisoldaten der damaligen Zeit.

DAS FRANZENSTHOR.
(Illustration: Seite 37.)

Das Franzensthor wurde vom Kaiser Franz I. in den Jahren 1815 bis 1817 behufs besserer Communication der Stadt mit der Josefstadt erbaut und im letzteren Jahre eröffnet. Es war nur für Fussgänger bestimmt und hatte die Aufschrift: *Franciscus I. MDCCCXVII.*

Ueber den Stadtgraben führte eine Brücke, die auf steinernen Pfeilerbogen ruhte. Im Jahre 1862 wurde dieses Thor demoliert. An seiner Stelle steht heute der rechte Flügel des Hofburgtheaters.

DAS ALTE KÄRNTNERTHOR.
(Illustration: Seite 39).

Das alte Kärntnerthor wurde an der Stelle des früheren Kärntnerthurmes unter Kaiser Leopold I. in den Jahren 1671 bis 1672 erbaut. Es hatte zwei Geh- und einen Fahrweg. Die Façaden der Innen- und

Das Franzensthor.
(Text: Seite 37.)

der Aussenseite dieses Thores waren reich verziert. Die Innenseite hatte ober dem Fahrthore den Doppeladler mit Krone und auf zwei Säulen, welche das Thor flankirten, das böhmische und ungarische Wappen; ober dem Gehthore je einen Löwenkopf und drei flammende Granaten. Die Inschrift oberhalb des Thores lautete: *Anno L. D. G. R. I. S. A. — G. H. B. R. A. A. 1672.* Die Aussenseite hatte oberhalb des Fahrthores die durch das Reichsschild unterbrochene Inschrift: *Anno L. D. G. R. I. S. A. — G. H. B. R. A. A. 1671,* je einen einköpfigen Adler mit Scepter und Schwert in der Mitte und auf einem Postament eine Pyramide.

Eine Eigenthümlichkeit dieses Thores bestand darin, dass dasselbe nur den Verkehr **aus** der Stadt vermittelte, da für den Verkehr **nach** der Stadt lediglich das neue Kärntnerthor bestimmt war.

DAS NEUE KÄRNTNERTHOR.
(Illustration: Seite 41.)

Das neue Kärntnerthor wurde vom Kaiser Leopold I. im Jahre 1673 erbaut.

Es hatte ein Einfahrtsthor und zwei Gehwege, von denen einer vermauert war. Da das alte Kärntnerthor sich für Ein- und Ausfahrten zu klein erwies, wurde dieses Thor im Jahre 1802 einem Umbau unterzogen und seit diesem Jahre als Einfahrtsthor benützt.

Ueber den Stadtgraben führte eine lange Brücke.

Im Hintergrunde des Thores, welches an der Stelle des heutigen Albrechtsbrunnen stand, erhoben sich die Stallungen des Erzherzogs Albrecht.

DAS ROTHENTHURMTHOR.
(Illustration: Seite 43.)

Einer der ältesten, wichtigsten und grössten Thürme Wiens war der Rothethurm, so benannt von der rothen Farbe, mit welcher er schachbrettartig bemalt war. Er stand an dem äussersten Ende der heutigen Rothenthurmstrasse und hatte eine mächtige Durchfahrt. Wie eine alte Sculptur an der Innenseite des Thores auswies, wurde dasselbe im Jahre 1511 unter Kaiser Maximilian I. erneuert aufgebaut.

Die neuen Fortificationsbauten bedingten seinerzeit eine Änderung in der Lage des Stadtausganges, wodurch das Rothenthurmthor weiter gegen die alte Schlagbrücke verlegt werden musste. Dieses neue Rothenthurmthor hatte nur ein Geh- und ein Fahrthor, welch' letzteres durch ein grosses Wappenschild mit Kaiserkrone und Reichsadler gekrönt war. Später wurden zwei Fahrthore und ein Gehthor errichtet, d. h. es wurde das linke Gehthor zu einem Fahrthor umgebaut, das niedere Blindthor für Fussgänger eröffnet, und die Stirnseite des Thores mit einer neuen Brustwehr versehen. Im Juni 1858 wurde das Rothenthurmthor demoliert.

DIE BASTEIEN.

Das alte Kärntnerthor.

Die Wichtigkeit Wiens, als „Vormauer der Christenheit", die Gräuel, welche die Türkenbelagerungen zu wiederholtenmalen über die Stadt gebracht, machten eine, nach den vorhergegangenen, theilweisen Zerstörungen neue Befestigung, zur dringenden Nothwendigkeit. Mit der Zeit war auch die Kriegstechnik fortgeschritten, und die neu herzustellenden Befestigungswerke mussten demnach tüchtiger werden, als die alten.

Man errichtete Basteien, vor denen sich gewaltige Mauern mit Thoren und Brücken erstreckten, welch' letztere über einen weiten, tiefen Graben führten, der von der Donau bis wieder an diese um die Stadt lief.

Diese neue Befestigung hatte auch eine theilweise Erweiterung Wiens im Gefolge. Ein interessantes Schreiben, welches im Jahre 1531 die Kammerräthe an den König gerichtet hatten, legt dem Herrscher den Befestigungsplan klar.

Eine Stelle dieses Schreibens lautete:

„Dass die Stadt Wienn für ainen ernst und fürnemblich gegen ainem solichen mechtigen gewaltigen veindt dem Türggen nit wol anderst oder nüczlicher und pesser zu der were gepaut und bevestiget werden muss, dann mit 5 oder zum wenigstens 4 auswendigen pasteyen um den stadtgraben hinumb, dazwischen inwendig der Stadt etlich Cavalier und Katzen*) auch auswendig im Graben Streichwer sein sollen."

Die Vorschläge fanden die Billigung des Monarchen, und kurz darauf wurde die Vorstadt vor dem Stubenthor, welche sich wegen ihrer der Stadt allzu nahen Lage bei Belagerungen als sehr gefährlich erwies, abgebrochen und damit das Signal zur Inangriffnahme der gesammten Befestigungs-Arbeiten gegeben. Der Oberbaumeister der Stadt Wien Hermann Schallautzer, wurde mit der Oberleitung sämmtlicher Bauten betraut.

Mit dem Baue der Basteien, deren Anlage durch den General-Oberstfeldhauptmann Leonhart Freiherr v. Vels begutachtet worden war, wurde im Südosten der Stadt begonnen.

Die Biberbastei wurde in den Jahren 1545—1562, die Prediger- oder Dominicaner-Bastei in den Jahren 1545 -1560 erbaut.

Die Hollerstauden- (auch Wasserkunst-**) Bastei wurde in den Jahren 1542—1545, die Jacoberbastei von 1545—1555, die Löwelbastei vor 1546—1547, die Elendbastei im Jahre 1561 und die Neuthorbastei im Jahre 1558 errichtet.

Im Laufe der Jahre wurden in Ergänzung dieser Basteien noch einige neue erbaut, und zwar: die Kärntnerbastion im Jahre 1641, die Schanzelcourtine im Jahre 1646, das Schottenthor-Vorwerk im Jahre 1647, die Melkerbastei, die Schottencourtine und die Gonzagabastei im Jahre 1656, die Bastion am unteren Fall im Jahre 1658, die Burgbastion im Jahre 1659, der Burgravelin im Jahre 1660, welche Befestigungen alle der in den Jahren 1860—1870 erfolgten, durch die grossartige Stadterweiterung bedingten Demolierung anheimfielen.

Das kaiserliche Handschreiben, mittelst welcher jener denkwürdige Act der Demolierung der Basteien anbefohlen wurde, ist vom 20. December 1857 datirt.

Auf Seite 45 geben wir, aus dem Jahre 1860, ein Bild der Augustinerbastei, vom Glacis aus betrachtet. Wir sehen den mit Pappeln bepflanzten Stadtgraben und den schiefen Aufgang der von Letzterem auf die Bastei führte. Rechts gewahren wir die Brücke, welche zum neuen Kärntnerthor führte, links einen Theil der Hofburg, während das ziemlich in der Mitte des Bildes befindliche Wohngebäude das Albrechts-Palais darstellt, über dessen Dach der Thurm der Augustiner-Kirche ragt. Der daneben befindliche Thurm ohne Spitze ist der St. Stephansthurm, welcher im Jahre 1860 abgetragen war.

---
*) Befestigungswerke.
**) Diese Bastei hiess so von dem in der Nähe stehenden Thurme, in welchem das Wasser der Wien für den kaiserlichen Hoflustgarten vor der alten Burg gehoben wurde.

DIE LINIENWÄLLE.

Jene wenig schöne Umsäumung Wiens, welche vor 1½ Jahrhunderten errichtet, damals und bis in unser Jahrhundert herein eine fortificatorische Nothwendigkeit gewesen, und welche nun schon seit langer Zeit nichts mehr war, als eine Verzehrungssteuer-Grenze und ein beengender Ring, der unsere nach Erweiterung strebende Stadt schon gewaltig zu drücken begann — die Linienwälle — sie haben mit dem Jahre 1892 ihre letzte Bedeutung verloren und werden hoffentlich recht bald

Das neue Kärntnerthor.
(Text: Seite 38.)

ihr ereignissreiches, nun 188 Jahre währendes Dasein beendet haben. Mit der Frage: Wann, warum und unter welchen Umständen dieses Stück Alt-Wien entstanden ist, sollen sich die nächsten Zeilen beschäftigen.

Im letzten Jahrzehnte des 17. Jahrhunderts begann sich Wien wieder von all dem Elende zu erholen, welches die Pest-Epidemie vom Jahre 1679 und die Türkenbelagerung von 1683 über die Donaustadt gebracht hatten. Handel und Verkehr wurden wieder in die alten Bahnen gelenkt und nahmen bald einen so kräftigen Aufschwung, dass der gesunkene Wohlstand der Wiener sich rasch wieder hob, und sich damit auch die alte Lebens- und Schaffensfreudigkeit wieder einstellte.

Die eingeäscherten Vorstädte entstanden neu, und zwar grösser und schöner als sie vorher gewesen, und umgaben in weitem Bogen den alten Kern der Stadt. Wohl war man durch die Erfahrung gewitzigt worden und dachte sicherlich daran, dass es recht weise wäre, die Befestigungsbauten, welche bis dahin nur um die alte Stadt liefen, über die Vorstädte hinaus zu verlegen — doch fehlte es am nöthigen Gelde, das grosse Werk durchzuführen, und so begnügte man sich abermals damit, das alte Wien zu befestigen. Was der Türke an Wall und Mauern übrig gelassen, wurde ausgebessert und, wo nöthig, wurden neue Basteien, Mauern und Wälle errichtet. So mussten also die neu erstandenen Vorstädte abermals des Schutzes entbehren, welchen Wälle und Gräben in jener Zeit schwerfälliger Kriegsführung in hohem Masse boten.

Doch machten sich vermuthlich die Vorstädtler jener Tage nicht viel daraus, denn der gefürchtetste Feind der alten Kaiserstadt, der Türke, war durch den Karlowitzer Frieden (1699) gebunden, und Wien brauchte vor dem gebändigten Moslem nimmer zu zittern. Die Stadt, nicht mehr Grenzveste, wie bisher — im Karlowitzer Vertrage ward ja die Grenze des Kaiserstaates bis Temesvar und Belgrad zurückverlegt — konnte, so glaubte man wenigstens, ihrer Bestimmung, die Metropole eines grossen Reiches zu sein, ungestört nachkommen.

Doch glaubte und hoffte man nur so; die rauhe Wirklichkeit brachte aber nur zu bald neue Drangsale über das Reich und schwere Prüfungen über das kaum gekräftigte Wien.

Kaum zwei Jahre waren seit dem Karlowitzer Frieden verflossen, als Österreich in den spanischen Erbfolgekrieg eintrat, der seine Kraft durch 14 Jahre in Anspruch nahm. In Folge des Doppelkrieges in Deutschland und Italien war Ungarn von kaiserlichen Truppen entblösst, welchen Umstand die dort erstandenen Rebellen benützten, die Flammen der Empörung zu schüren. Bald schwärmten die berüchtigten Reiterscharen der „Kuruzzen" an den Grenzen Steiermarks, Mährens und Niederösterreichs, und wo sie erschienen, bezeichneten Gräuelthaten ihren Weg. Zu Ende des Jahres 1703 musste die Regierung schon daran denken, Wien vor dem Überfall der berüchtigten Horden zu schützen, denn es war dem, an so vielen Punkten gleichzeitig in Anspruch genommenen Staate nicht möglich gewesen, die Feinde aus dem Lande zu jagen.

Am 17. December 1703 setzte Kaiser Leopold I. eine Commission ein, welche über die Befestigung Wiens zu berathen hatte. Die Aufregung der Bevölkerung war auf's Höchste gestiegen. Als Prinz Eugen am 18. Januar 1704 nach Wien zurückkehrte, ordnete er sofort die ungesäumte Instandsetzung der Fortificationswerke an.

Zur Deckung der Kosten wurde eine eigene „Schanzsteuer" ausgeschrieben. Die Zünfte und sonstigen Verbindungen hatten eine bestimmte Anzahl Bewaffneter zu stellen.

Aus der Studentenschaft bildeten sich drei Compagnien Freiwilliger, und die Bewohner der Vorstädte erhielten aus dem Stadthause Waffen.

Das Rothenthurmthor.

Am 19. Februar beantragte Prinz Eugen, dass die Vorstädte mit Wällen und Pallisaden zu umgeben seien, und dass auch die Leopoldstadt befestigt werde.

Die Genehmigung dieses Planes erfolgte am 24. März; der projectierte Erdwall sollte an der Donau nächst St. Marx seinen Anfang nehmen, sich über den Wiener Berg um die gesammten Vorstädte ziehen, um wieder bei der Vorstadt Lichtenthal bis an die Donau geführt zu werden. In einem Umfange von 7080 Klaftern zog sich schliesslich die Zickzacklinie des neuen Befestigungswerkes um Wien.

12 Schuh breit und 1½ Klafter tief gegraben, und gehörig mit Pallisaden versehen, war es wohl im Stande, den Kriegsmitteln damaliger Zeit erfolgreichen Widerstand zu bieten.

Am 24. März 1704 wurde die Genehmigung zu der Errichtung der Linienwälle gegeben und schon zwei Tage später, also am 26. März, wurde diese gewaltige Arbeit in Angriff genommen. Alle Einwohner der Stadt, welche zwischen 18 und 60 Jahre alt waren, mussten Schanzarbeit verrichten oder je einen Stellvertreter stellen.

Zu dieser ungewöhnlichen Eile drängte die hohe Noth, in der sich das von den Kuruzzen umschwärmte Wien befand. Graf Heister, der mit dem Commando an der österreichischungarischen Grenze betraute Feldmarschall, konnte mit den ihm zugetheilten 5000 Mann es selbstverständlich mit der Übermacht der blitzschnell kommenden und ebenso rasch wieder verschwindenden Feinde nicht aufnehmen. Bald erschienen sie da, bald dort, sengend und raubend, und am 22. März, es war Charsamstag, verbreitete sich die Schreckenskunde, die Kuruzzen hätten den Weg nach Wien eingeschlagen. Diese Nachricht versetzte die Stadt in argen Schrecken, denn noch war man mit den neuen Befestigungswerken nicht völlig fertig — allein bald siegte die alte Entschlossenheit und der vielgeübte Muth der Wiener, und Alles eilte auf die neuen Wälle. Doch der Feind erschien nicht, der begnügte sich damit, Schwechat, Fischamend, Zwölfaxing und Himberg niederzubrennen.

Am 9. Juni, eben während Wien zum letztenmal das Geburtsfest des Kaisers Leopold I. feierte, kamen gegen 4000 Rebellen unter dem Commando des Grafen Alexander Karolyi bis an die Linienwälle heran, wagten aber, angesichts der drohenden Haltung der Besatzung, keinen ernstlichen Angriff auf die Stadt, sondern begnügten sich damit, das kaiserliche Lustschloss Neugebäude und die dortige Menagerie zu zerstören.

Feldmarschall Heisters Sieg über die Aufständischen bei Tyrnau, am 26. December 1704, beseitigte für längere Zeit die dringendsten Gefahren für das alte, so oft bedrohte und so oft siegende Wien.

Nur noch einmal wagten sich Kuruzzen in die Nähe der Stadt. Abermals wurden Fischamend, Schwechat und Rohrau in Brand gesteckt; einzelne Fähnlein der Horden sahen sich auch in der Umgebung von Wien nach Beute um, und es fielen an jenem Tage manch armer Bauer, der draussen sein musste, und mancher Wiener, den die Neugierde hinaustrieb, in ihre Gewalt.

Erst 1711 wurden die Aufständischen völlig besiegt, aber schon lange vorher waren sie keine wirkliche Gefahr mehr für Stadt und Land.

Die Linienwälle, welche hauptsächlich dieses Feindes halber erbaut worden waren (welchen man weit mehr ob seines raschen, verwegenen Vordringens, als um seiner Kriegskunst und Kriegstüchtigkeit willen gefürchtet), hatten mit seiner Bändigung ihren hauptsächlichsten Werth verloren, nun wurden sie fiscalischen Zwecken dienstbar gemacht.

1705 waren die Aufschlagsämter, die am Tabor, bei St. Marx, bei den Paulanern, an der Wien, auf der Laimgrube und in der Rossau bestanden hatten, an die neuen Linien verlegt worden, und zwischen 1728 und 1730 wurden die dem Verfalle nahen Wälle mit Ziegeln neu erbaut.

Alle anderen Mauten wurden 1811 an diese verlegt, und seit dem Jahre 1830 wird daselbst die, an Stelle anderer Abgaben eingeführte, Verzehrungssteuer eingehoben. Noch einmal, in den Octobertagen des Jahres 1848, spielten die Linienwälle eine zwar kurze, doch nicht ganz unbedeutende Rolle.

Bemerkenswerth waren bei den einzelnen Linienämtern die Kapellen, welche im Jahre 1729 zu dem Zwecke erbaut wurden, um den Finanz-Organen, sowie den Landleuten, welche ihre Waaren zum Verkaufe nach Wien brachten, die Gelegenheit zu geben, täglich die heilige Messe zu hören.

Die Abbildung auf Seite 47 zeigt uns den Beginn des Linienwalles bei der Nussdorferstrasse, der sich von hier bis zur Erdberger Linie um die Stadt zieht. Im Vordergrunde des Bildes ist die Nussdorferstrasse (ausserhalb der Linie); man gewahrt den Thurm der Linien-Kapelle und die Kaserne der Justizwache — jenes Gebäude, welches sich, auf dem Bilde, hinter diesem Thurme erhebt.

Auch die Illustration auf Seite 49 gibt uns ein Bild des Linienwalles nächst der Nussdorfer Linie. Links ist ein Ausblick nach der Brigittenau; die in der Mitte des Bildes dargestellten

Die Augustinerbastei.

Häuser stehen mit ihrer Front in der Nussdorferstrasse (innerhalb der ehemaligen Linie).

Auf Seite 51 ist eine Linienwallansicht bei der Lustkandlgasse in Währing.

Im Vordergrunde läuft die Gürtelstrasse. Die beiden Thürme links sind jene der Votivkirche, der in der Mitte befindliche Thurm ist der Rathhausthurm mit dem eisernen Mann.

Von der Kreuzgasse in Währing aus gesehen, zeigt sich rechts, wie aus der Illustration auf Seite 59 zu entnehmen, der Garten der niederösterreichischen Landes-Irrenanstalt und ein Theil des Gebäudes derselben.

Hieran schliesst sich der Thurm der Kirche von St. Johannes in der Praterstrasse und die Rotunde; links sieht man die Dächer des städtischen Versorgungshauses.

DIE ANDEREN BEZIRKE WIENS.

Die örtliche Lage der ältesten Wiener Vorstädte war von jener der heutigen Bezirke wesentlich verschieden. Der grösste Theil der bewohnten Gegend befand sich knapp an den Mauern der Stadt und dehnte sich höchstens bis zu dem Rande des späteren Glacis aus. Der andere Theil der Vorstädte bestand vorwiegend aus Acker- und Weinland, in welches kleine Ansiedlungen, Schlösschen etc. eingestreut waren, welche jedoch bei der im Jahre 1446 begonnenen Umwallung der Vorstädte mit Pallisaden und Erdwällen (siehe Seite 30 und 31) ausserhalb dieser Befestigung zu liegen kamen.

Nach der Zerstörung der alten Vorstädte im Jahre 1529 entstanden, nach dem Abzuge der Türken, auf den Trümmern wohl neue Häuser, sie wuchsen jedoch nicht zu förmlich abgeschlossenen Bezirken heran, was durch die angeordnete Freilassung des Glacisraumes bedingt war.

Zahlreiche Einwanderungen fremder Gewerbsleute und Arbeiter, sowie die Colonien, welche sich um die ausserhalb der Stadtmauer gelegenen Klöster und Kapellen ansiedelten, hatten zur Folge, dass sich um die Stadt ein neuer Ring von Niederlassungen zog, in welchem die eigentliche Anlage der jetzigen Bezirke II bis X zu suchen ist.

Immerhin waren jedoch die Gründe bei den späteren „Linien" unbewohnt, und die Periode des eigentlichen Aufblühens dieser Vorstädte begann erst, nachdem dieselben (1704) — siehe Seite 41 bis 45 — durch die Anlage der Linienwälle und Gräben gegen plötzliche, feindliche Einfälle geschützt worden waren. Hof und Adel liessen ausserhalb der Courtinen prächtige Gärten und Paläste anlegen, Sammlungen und Archive darin unterbringen, und der wohlhabende Bürgerstand erbaute sich ansehnliche Familienhäuser, welche grösstentheils noch erhalten sind.

DER II. BEZIRK.

Durch die Taborlinie (siehe Illustration auf Seite 59) gelangte man von den ausserhalb gelegenen Ortschaften in den II. Bezirk (Leopoldstadt).

Als die Donau noch über einen Theil des jetzigen I. Bezirkes (über den Salzgries bei St. Marin am Gestade, der Fischerstiege etc.) dahinfloss, hatte der Länderstrich jenseits des Wiener Stromcanales im Allgemeinen den Namen „der Werd". Als der Wiener Canal — und die Donau überhaupt — sich mehr gegen das nördliche Ufer wendete, beziehungsweise auf künstliche Weise zurückgedrängt wurde, fiel ein Theil des Werds auf das diesseitige Ufer, ein anderer Theil wurde zu abgesonderten Inseln, welcher Umstand die Veranlassung zur namentlichen Unterscheidung der einzelnen Werder bot. So wurde die Gegend von der späteren Nussdorfer Linie bis an die Als „der Altlichtenwerd", die Gegend von der Als bis zum Rothenthurm „der obere Werd" und die Inselgruppe jenseits „der untere Werd" genannt.

Die ältesten Haupttheile des unteren Werds waren die Wolfs-Au (wovon vieles zur heutigen Brigittenau gehört), die Tabor-Au (die Gegend des heutigen Augartens, die Rohrschütt mit dem Schiltgraben), die Heide, die Pader Insel, der obere Fall, der untere Fall, unter den Felbern, der hangende Ort, der Gries, der Schüttl, die Venediger Au, der Prater, das Stadtgut.

Die ursprünglichen Besitzer dieser Gegend waren die Landesfürsten, von welchen sie jedoch bald durch Kauf, Verpfändung etc. an Andere übergieng. Wann die ersten Ansiedlungen im unteren Werd stattfanden, ist nicht erwiesen, doch steht urkundlich fest, dass sich solche bereits im Jahre 1337 hier befanden, und zwar vorwiegend an den Ufern.

Wenngleich sich die Hütten mehrten, welche hier Schiffer und Fischer sich erbauten, wenngleich die zahlreichen Viehweiden die Errichtung von Meierhöfen zur Folge hatten, wenngleich die Weideplätze bald zu Gärten wurden, welche manchen Wiener veranlassten, hier seinen Sommersitz aufzuschlagen, so verhinderte doch die Urbarmachung des Bodens, die Austrocknung der Sümpfe und Wassergräben eine rasche und ergiebige Besiedelung.

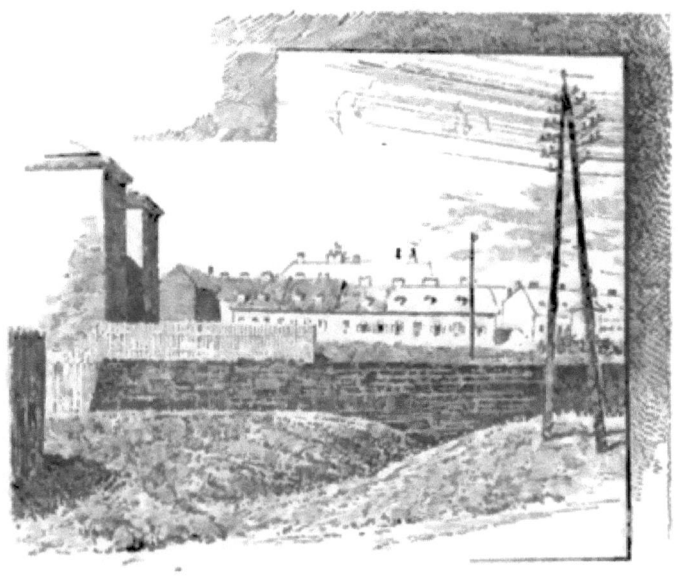

Beginn, bezw. Ende des Linienwalles (bei der Nussdorfer Linie).
(Text: Seite 45.)

Im Jahre 1395 schenkte Herzog Wilhelm den unteren Werd seinem Kämmerer Lorenz, welcher den Grund im Jahre 1396 an die Stadt Wien verkaufte. Von diesem Zeitpunkte an nahm die bauliche Entwicklung daselbst einen bedeutenden Aufschwung. Während der ersten Türkenbelagerung wurden jedoch alle Häuser zerstört, und erst in den Jahren 1536—1540 wurden hier neue Ansiedlungen gegründet, deren Zustandekommen jedoch nur langsam vor sich gieng. Um eine raschere Besiedelung herbeizuführen, wurde den früher aus Wien vertriebenen Juden „die Heide" zur Verbauung überlassen. Als im Jahre 1669 die Juden neuerdings abgeschafft wurden und die Stätten ihres Fleisses verlassen mussten, löste die Stadt Wien deren Häuser im unteren Werd ein, die Synagoge wurde in eine christliche Kirche umgewandelt, zu welcher Kaiser Leopold I. (zu Ehren des heiligen Leopold) im Jahre 1670 den Grundstein legte. Diese im Jahre 1683 durch die Türken theilweise zerstörte Kirche wurde nach deren Abzug neu und in vergrössertem Massstabe erbaut.

Der Name „untere Werd" verschwand nun, und an dessen Stelle trat die Bezeichnung „Leopoldstadt".

Trotz der Pest und den Schrecknissen der zweiten Türkenbelagerung, welche eine vollständige Entvölkerung und Verwüstung dieser Gegend nach sich zogen, entwickelte sich die Leopoldstadt sehr bald wieder zu einem blühenden Gemeinwesen.

An der Stelle der jetzigen Jägerzeile — früher „unter den Felbern", auch nach der dort nach venezianischer Art errichteten Glasschmelze „Venediger Au" benannt — liess im Jahre 1570 Kaiser Maximilian für seine Hofjäger 18 Häuser in einer Zeile erbauen, an welche sich bald eine grössere Anzahl anderer baulicher Objecte anschloss, die zusammen eine Jägergemeinde bildeten, welche mit mehrfachen Rechten (so z. B. der Freiheit des Bier- und Wein-Ausschankes) ausgestattet war.

Die dortige Johanneskirche wurde in den Jahren 1840 bis 1845 erbaut.

Jener Theil der jetzigen Praterstrasse, welche gegen den Prater zu führte, hiess „das Stadtgut".

Als der Prater am 7. April 1766 durch Kaiser Josef II. den Wienern allgemein zugänglich wurde, nahm die Jägerzeile und ihre Umgebung einen rapiden Aufschwung. Palais reihte sich an Palais, und die Erbauung des Wiener Nordbahnhofes und der hiedurch hervorgerufene grössere Verkehr in der Vorstadt Leopoldstadt trug wesentlich zu ihrem Emporblühen bei.

Der Prater ward bald, was er heute noch ist, der Lieblings-Belustigungsort der Wiener. Die herrlichen Maifahrten, die Feuerwerksfeste, deren erstes am 23. Mai 1777 da stattfand, die Volksfeste und endlich die Weltausstellung im Jahre 1873, welcher noch manche kleinere Ausstellung folgte, sie trugen alle dazu bei, den Wienern ihren Prater niemals vergessen zu lassen. Einst eine weithin gedehnte, dichte Au ist er heute ob all dieser Anlässe zu einem der schönsten Parks der Welt geworden, in Bezuge auf welchen auch von einer

Linienwallbild.

…lichen Entwicklung gesprochen werden kann, die wir vornehmlich der Weltausstellung danken und die uns als nicht leicht zu übersehendes **Wahrzeichen die Rotunde hinterlassen hat.**

Zum zweiten Bezirk fielen, in Folge der letzten Stadterweiterung, auch Zwischenbrücken, ein sehr grosser Theil des sogenannten Inundations-Gebietes, das Kaiser Franz Josefs-Land und die Kaisermühlen.

„Zwischen den Brücken" hiess auch früher die „Tabor-Au". Der Name Tabor ist eine Erinnerung an die Hussiten, welche im Jahre 1428 unter Prokop hier ein festes Lager bezogen. Die Donau hatte damals viel mehr Arme als jetzt, und in Gemässheit eines Befehles Albrecht des IV. „auf seinen und der Bürger Kosten, Brücken zu bauen, so viel deren von Wien über alle Donau bis an das enthalbige Gestade", entstanden hier eine grössere Anzahl Brücken, und die Gegend zwischen diesen Brücken wurde bald Zwischenbrücken genannt.

Es mag vielleicht von Interesse sein, an dieser Stelle dem Dichter Wolfgang Schmelzel das Wort zu lassen, der seinen Eintritt in Wien, 1548, wie folgt, besingt:

„An die Wolfsprucken kam ich bald,
„Ich dacht, den gantzen Behamer waldh
„Hat man genomen, abgehaut
„Damit ein solche prucken paut.
„Hat zweihundert und sechzig schrit
„Vnd dreizehn joch: doch pleibts offt nit

„Wenn geht der Stoss und Wasser geust
„Sölch gewaltig holtzwerg allweg fleust.
„Nit weit ich ging auf trucknem Landt,
„Eine klaine prucken ich mehr fandt,
„Acht joch hundert und sechtzig schritt;
„Ein alter Pauer zottet mit.
„Der fragt mich, was ich mäss und zelt?
„Wieviel ain jede pruck schrit helt.
„Sagt ich zu jm, und wundert seer,
„Das Thonaw so weitleufig wär,
„Wie man vermöcht solch gewaltig pau
„Vil prucken sunst seint in der aw
„Ich maint, wär schon gar bey der Stat
„Er sprach: noch lenger prucken es hat
„Von Wolfbrucken geen Wien, glaubt mir
„Ein grosse halbe meyl habt jr,
„Die lange prucken schawt dort, secht!
„Erst kumbt jr auff die Thonaw recht,
„Da ist gar manches gewaltigs ploch,
„Fünffhundert schrit lang, dreyssig joch
„Ist diese pruck gantz vest gepaut,
„Nun zeucht die Riemen, gebt die Maut.
„Hir khumb wir auff dem Tabor ein, etc."

Der in den Jahren 1870—1875 bewerkstelligten, grossartigen Donau-Regulierung — am 30. Mai 1875 fand die Eröffnung des neuen Strombettes statt — fiel ein grosser Theil der Ortschaft Zwischenbrücken zum Opfer.

Durch die Erbauung der im Jahre 1874 eingeweihten, über die Donau führenden Kronprinz Rudolfs-Brücke — auch Reichsbrücke genannt — wurde eine äusserst zweckmässige Verbindung mit der nach Mähren führenden Reichsstrasse hergestellt.

In der projectierten, neuen Donaustadt wurden bald einige Häuser erbaut, der Verkehr in den Docks der Donau-Dampfschiffahrts-Gesellschaft daselbst trug wesentlich zur Belebung dieser öden Gegend bei, die nahe Ansiedlung „Kaisermühlen" entwickelte sich zusehends, und einige unternehmungslustige Wirthe liessen sich an dem linken Donau-Ufer nieder und gaben dieser Wirthshaus-Vereinigung — zur Erinnerung an die kurz zuvor durch die österreichische Nordpol-Expedition gemachte Entdeckung des Franz Josefs-Landes — diese Bezeichnung.

Die Brigittenau erhielt ihren Namen (anstatt des früheren „Schottenau") von der Kapelle der heiligen Brigitta, welche Kaiser Ferdinand III. (1651) hier erbaute.

Die am 30. April 1775 durch Kaiser Josef II. vollzogene Eröffnung des Augartens — worin jener Monarch sich ein Lustschloss erbauen liess — trug wesentlich zur Entwicklung der Umgegend bei.

DER III. BEZIRK.

Der III. Bezirk (Landstrasse) in, beziehungsweise, aus welchem die Erdberger Linie (Seite 61) und die St. Marxer Linie (Seite 63) führten, entstand aus mehreren Theilen, wie aus der „Landstrasse", „Unter den Weissgärbern", „Erdberg", „Nottendorf" etc. Wann die erste Ansiedlung der Landstrasse erfolgte, ist geschichtlich nicht erwiesen, jedoch steht urkundlich fest, dass nach Gründung des Nicolai-Klosters (Seite 19) schon zu Ende des 14. Jahrhunderts hier eine gutbebaute Vorstadt, obwohl unter schwankendem Namen bestand, deren Objecte aber im Jahre 1529 den Türken grösstentheils zum Opfer fielen. Diese Vorstadt verdankt der Ungargasse und dem Nicolai-Kloster ihr Entstehen.

Linienwallbild.

In Ersterer befanden sich eine Anzahl von Herbergen für die aus Ungarn Eingewanderten, und der immer stärkere Verkehr von und nach diesem Lande erheischte bald eine wesentliche Vermehrung dieser Herbergen, wodurch sich Handwerker aller Art ermuthigt fühlten, sich hier niederzulassen.

Den Verkehr mit der Stadt, über den Wienfluss, vermittelte bis zu Ende des 14. Jahrhundertes ein hölzerner Steg; an dessen Stelle liess in den Jahren 1397—1404 Herzog Albrecht IV. eine steinerne Brücke erbauen, deren Pfeiler heute noch stehen. Diese verbesserte Verbindung mit der Stadt hatte auch einen stärkeren, gegenseitigen Verkehr zur Folge, welcher den Aufschwung der Vorstadt sehr begünstigte.

Nach der Zerstörung durch die Türken erfolgte die Neu-Ansiedlung äusserst langsam. Das Gemeinde-Spital zu St. Lazar später, vom Jahre 1370 an, das Spital zu St. Marks (Marcus) benannt — daher der Name der Gasse und Linie, St. Marx — wurde 1529 zerstört, dann neu aufgebaut, 1683 wieder zerstört und nochmals, auf Kosten des Bürgerspitals, hergestellt.

Die den heiligen Rochus und Sebastian geweihte Pfarrkirche und das Kloster der Augustiner wurden unter Ferdinand III. (1642) erbaut, letzteres jedoch im Jahre 1812 aufgelassen. Den Raum des heutigen Platzes nahm früher ein Friedhof mit der Kapelle zum heiligen Nicolaus ein.

Dieser Friedhof entstand im Jahre 1540, die Kapelle anno 1698. Im Jahre 1784 wurden dieselben aufgelassen, beziehungsweise abgetragen, der Platz wurde geebnet und mit Bäumen besetzt.

Als in den Jahren 1805—1812 der russische Graf Rasumofsky sich zwischen der Landstrasse, den Weissgärbern und Erdberg einen Palast mit grossartigem Parke erbaute, wurde auch die Ansiedlung in dieser Gegend eine immer regere, und heute steht auf der Area dieses Parkes ein neuer Stadttheil.

Im Jahre 1825 wurde an Stelle der im Jahre 1797 vom Fürsten Rasumofsky aus seinen Privat-Mitteln errichteten, absperrbaren, im Jahre 1819 der Donau weggerissenen Holzbrücke, von einer Actiengesellschaft die Sofienbrücke, die erste Kettenbrücke Wiens über den Donau-Canal erbaut, welche im Jahre 1871 neu hergestellt wurde. —

Im Jahre 1186 kommt bereits Erdberg, Erdpruch urkundlich vor; auch ist die historisch feststehende Thatsache der Gefangennahme des Richard Löwenherz allhier (1191) ein Beweis für das hohe Alter dieser Ortschaft, deren Entwicklung durch Türken-Verwüstungen und Ueberschwemmungen sehr behindert war. Nach mehrmaligen Besitzerwechsel wurde Erdberg im Jahre 1782 an den Freiherrn von Hagenmüller verkauft, von dem es (1809) an den Fürsten Lobkowitz und von diesem 1810 an die Gemeinde Wien kam.

Die Kirche zu St. Paul war fast so alt wie die Ansiedlung selbst. Im Jahre 1726 wurde der von der Gemeinde unternommene Bau der St. Peter und Paul-Kirche vollendet.

Innerhalb der Grenzen Erdbergs befand sich schon im 14. Jahrhunderte das Dorf Nottendorf, dessen Ansiedlung durch flämische, von dem Landesfürsten herbeigerufene Wollfärber erfolgte, welche grosse Vorrechte (eigene Richter und Geschworne etc.) besassen.

Im Jahre 1737 gieng die Gemeinde Nottendorf an die Commune Wien über.

Die Ueberfuhr von der Vorstadt Weissgärber über den Donau-Canal in die Jägerzeile ist ein den Weissgärbern von Albrecht V. (1425) ertheiltes Privilegium.

Auch diese Vorstadt, welche an Stelle des alten Donau-Rinnsales erbaut wurde, hatte durch Pest und Ueberschwemmungen sehr zu leiden.

Nur langsam fanden hier nach der Türkenbelagerung (1529) neuerliche Ansiedlungen, vornehmlich durch Färber und Gärtner statt, und erst in jüngster Zeit nahm die Vorstadt einen bedeutenden Aufschwung.

Die alte Weissgärberkirche wurde im Jahre 1673 gegründet, blieb hierauf in Folge der Pest (1713) geschlossen, wurde 1735 durch einen Orkan sehr beschädigt, 1757 durch die Ueberschwemmung nahezu ganz zerstört, 1870 abgetragen, und dafür auf dem Kollonitzplatze die prachtvolle St. Othmarkirche aufgeführt.

Die Vorstadt, in welcher sich das St. Nicolaikloster befand, beziehungsweise die sämmtlichen Besitzungen dieses Klosters, erkaufte die Gemeinde Wien bereits am 26. April 1563 von der Universität und dem Dorotheerstifte, während Erdberg erst am 2. Mai 1786 in den Besitz der Stadt Wien übergieng.

DER IV. BEZIRK.

Zu den ältesten Bezirken Wiens gehört auch die Wieden, wohin vom X. Bezirke, beziehungsweise von den Vororten die Belvedere-, Südbahn- und Favoriten-Linie (Illustrationen auf Seite 65, 67 und 69) führten.

In Urkunden wurde diese Vorstadt anfänglich Widen, Wyden, Wienen, Wieden genannt.

Kapelle bei der Nussdorfer Linie (Viriotgasse).
(Text: Seite 41 und 45.)

Ueber den Ursprung dieser Bezeichnung gibt es mehrere Versionen. Die wahrscheinlichste ist wohl die, dass die Ansiedlung ursprünglich die Wiener-Vorstadt geheissen hat, und dass später die Nähe des Widmerthores, des Widmer-Viertels (die Vorstadt zog sich s. Z. sehr nahe gegen die Burg hin) zu der Umbildung des Wortes beigetragen hat.

Hier befanden sich schon in frühester Zeit mehrere Spitäler, so z. B. das im Jahre 1208 durch den Caplan Herzogs Leopold des Glorreichen gestiftete „Spital jenseits der Wien" (an Stelle des jetzigen Obstmarktes — nach Hormayr an Stelle der Karlskirche) und das Siechenhaus zum Klagbaum mit der Kapelle zu St. Job (1267).

Die Wohnhäuser der einstigen Vorstadt standen, besonders in der Nähe der Stadtmauern, diesseits des Wienflusses dicht gedrängt nebeneinander, am jenseitigen Ufer wurde die Wieden bei der jetzigen Paulanerkirche begrenzt.

Ausserhalb der Vorstadtgräben und Wälle, mit welchen auch die Wieden in den Jahren 1447 und 1448 umgeben wurde, lagen jedoch noch einige Meierhöfe mehrerer Abteien und Klöster.

Die Wieden war vor der ersten türkischen Belagerung bereits ein schöner, stark bewohnter Theil von Wien. Die Belagerung hatte die fast vollständige Zerstörung dieser Vorstadt im Gefolge. Auch nach dem Abzuge der Moslems, als hier wieder die Baulust rege wurde, hatte die Wieden durch die vielen Wienfluss-Ueberschwemmungen, durch die Pest und durch die zweite türkische Belagerung sehr viel zu leiden, wodurch ihre bauliche Entwicklung gehemmt wurde. Erst durch die Gründung des Lustschlosses „Favorita" (1657) — der nachmaligen Theresianischen Akademie (gestiftet im Jahre 1747) — kam die Vorstadt mehr und mehr zu Ansehen, da sich viele Cavaliere in der Umgebung des Schlosses ansiedelten.

Die Paulanerkirche, 1651 vollendet, wurde im Jahre 1783 zur Pfarre erhoben.

Das in der Klagbaumgasse befindliche Siechenhaus wurde 1529 zerstört, durch Private neu hergestellt, 1683 verbrannt, auf Kosten des Bürgerspitales neuerbaut und unter Kaiser Josef II. aufgehoben.

Die Gegend um die Wiedner Hauptstrasse führte einst auch den Namen: „Vor dem Kärnthnerthor die erste Zeil auf der rechten Hand hinaus angefangen und zunächst des Landesfürsten Garten." Der grösste Theil dieser Gegend kam am 3. März 1723 durch Kauf an die Gemeinde Wien.

Zu dem IV. Bezirke gehörten auch „die Schleifmühle" (nach der dort bestandenen Waffenschleifmühle so genannt), „der Schaumburgergrund" und „Hungelbrunn". Der Schaumburgergrund gehörte den Grafen von Schaumburg, welche im Jahre 1559 ausstarben. Kaiser Karl VI. erhob den Schaumburgerhof zu einem Edelsitze, dessen ganze Besitzungen an Gebäuden, Aeckern und Weingärten im Jahre 1813 als Vorstadt Wiens erklärt wurden. — Hungelbrunn hatte seinen Namen von einem in dieser Gegend befindlich gewesenen Hungerbrunnen. Die ersten Bewohner Hungelbrunns waren Winzer.

Partie vom Linienwall
in der Nähe der Westbahn-Linie.

Die Entwicklung dieser am 28. April 1705 vom Freiherrn von Tinti an die Stadt Wien verkauften Gemeinde war eine sehr langsame. Im Jahre 1770 standen hier erst 12 Häuser.

DER V. BEZIRK.

Auf Seite 73 und 71 sehen wir Abbildungen der Schönbrunner (Hundsthurmer) Linie und der Matzleinsdorfer Linie. Beide führten aus den Vororten in den IV., bezw. V. Bezirk, der aus den ehemaligen Gründen „am Hundsthurm", Matzleinsdorf, Reinprechtsdorf, Nikolsdorf, Laurenzergrund und einen Theil der ehemaligen Wiedner Vorstadt besteht. An der Stelle des jetzigen Margarethenhofes stand vor mehr als 500 Jahren ein Schlösschen, welches im Jahre 1363 die Gräfin von Tirol, Margarethe Maultausch bewohnte, das im Jahre 1529 zerstört, 1578 durch den Cardinal-Primas von Ungarn wieder hergestellt, besonders durch den Freiherrn von Schwarzhorn (1686) verschönert wurde, welcher auch durch herbeigezogene Ansiedler den Grund zu der späteren Vorstadt legte. Nach ihm gelangte der Besitz an die Grafen von Sonnau (welches Geschlecht auch die Kirche zu St. Josef erbaute) und von diesen am 22. Februar 1727 an die Gemeinde Wien.

Linienwallbild (Kinderspielplatz in der Nähe der Westbahn-Linie).

Matzleinsdorf war schon im Jahre 1305 eine kleine Gemeinde, welche nach den Herren von Mezzelinsdorf, Mezzelsdorf, Mazelsdorf genannt wurde. Hier dehnten sich bis ins 18. Jahrhundert bedeutende Weingärten aus, und noch im Jahre 1721 zählte der „Matzelsdorfer" zu den beliebteren Weinsorten. Die Pfarrkirche zu St. Florian wurde im Jahre 1675 erbaut. Auch Matzleinsdorf gehörte später dem Primas von Ungarn, von dem es an die Grafen von Sonnau und schliesslich am 22. Februar 1727 an die Gemeinde Wien kam.

Reinprechtsdorf kommt schon im Jahre 1263, als im Besitze der Bürgerfamilie Rampersdorfer, urkundlich vor. Auch dieser Grund bestand vorwiegend aus Weingärten, erst im 18. Jahrhundert wurden hier die ersten Häuser erbaut. Am 27. October 1786 wurde Reinprechtsdorf vom Bürgerspitale um fl. 14.500 an die Gemeinde Wien verkauft.

Den Namen Hundsthurm leiten einige Forscher von dem einstens hier gestandenen, thurmartigen Gebäude her, welches Kaiser Mathias (1602) für seine Jagdhunde habe erbauen lassen. Anscheinend mit grösserem Rechte nehmen andere Historiographen an, dass dieser Thurm von der im 15. Jahrhundert bestandenen nahen „Hunczmühle" seinen Namen habe. Die Bewohner Hundsthurms, welches im Laufe der Jahre viele Besitzer hatte, waren grösstentheils Küchengärtner.

Am 1. März 1842 gieng Hundsthurm durch Kauf (fl. 30.300) von den Erben des Freiherrn von Seidl in den Besitz der Commune Wien über.

Der Laurenzergrund grenzte an Hungelbrunn, hatte im Jahre 1808 erst 15 Häuser und entwickelte sich nur sehr langsam und schwach. Er war ursprünglich im Besitze des Laurenzerklosters, von welchem er auch seinen Namen erhielt und kam im Jahre 1806 durch Kauf (fl. 3.560.—) von der niederösterreichischen Staatsgüter-Administration an die Gemeinde Wien.

Nikolsdorf umfasste einen Theil des uralten, 1683 zerstörten Dorfes Bernhardsthal, welches eine eigene Kirche besass. Hier befand sich im Jahre 1484 das Lager des Mathias Corvinus. Nikolsdorf führte seinen Namen von dessen Besitzer, dem St. Nicolaikloster vor dem Stubenthore, von dem es an die Grafen von Sonnau und von diesen am 22. Februar 1727 an die Gemeinde Wien kam. — Margarethen, Matzleinsdorf und Nikolsdorf zusammen wurden um fl. 115.000 an Wien verkauft.

Bis zum Jahre 1861 gehörte die Vorstadt Margarethen zur Wieden.

DER VI. BEZIRK.

Die Illustrationen auf Seite 75 und 77 geben uns ein Bild von der Gumpendorfer Linie, welche von den Vororten in den VI. und von der Mariahilfer Linie, welche in den VI. und VII. Bezirk führte.

Linienwallbild.
(Text: Seite 45.)

In den Urkunden des 15. Jahrhunderts wurde dieser Grund, welcher heute, die Laimgrube, den Magdalenengrund, Unter den Windmühlen und Gumpendorf (von Gumpe = Pfuhl, Tümpel) umfassend, den VI. Bezirk bildet, „im Scheff" genannt.

Noch im 16. Jahrhundert waren hier ausgedehnte Weingärten, welche besonders auf dem hügeligen Terrain der Laimgrube und Gumpendorfs einen viel gesuchten Wein lieferten.

Der Gumpendorfer Weinried war sehr ausgedehnt; er umfasste einerseits das ganze linke Wienufer über Hundsthurm bis nach Meidling, andererseits die Strecke von der heutigen Windmühlgasse bis zur Mariahilfer-Linie. Gumpendorf war schon zu Römerszeiten mit allerlei Gebäuden versehen, die nach dem Abzuge der Römer und während der Völkerwanderung in Ver-

Ende, bezw. Beginn des Linienwalles in Erdberg.
(Text: Seite 45.)

fall geriethen oder zerstört wurden. Nichtsdestoweniger regte sich doch da bald wieder die Baulust, und im 11. Jahrhunderte waren hier schon einige ansehnliche Gebäude, die sich derart ausbreiteten, dass bereits im 13. Jahrhunderte Gumpendorf eine eigene Pfarre erhielt.

Im 11. Jahrhunderte waren hier, und zwar in der Gegend des jetzigen Pfarrhofes die Herren von Gumpendorf sesshaft, denen die Herren von Capellen folgten; im 17. und bis über die zweite Hälfte des 18. Jahrhunderts waren die Grafen Mollard und Meraviglia daselbst die Grundherren.

Die Pfarrkirche zum heil. Aegydius bestand bereits im Jahre 1360. Sie wurde in diesem Jahre den Cistercionsern von Baumgartenberg und von diesen (1571) den Schotten übergeben. Im Jahre 1765 musste sie abgetragen und an ihrer Stelle eine neue Kirche erbaut werden. Im Jahre 1786 kam Gumpendorf von den einzelnen Besitzern desselben (P. P. Dominikaner, Schotten, die Stifte St. Dorothea, Klosterneuburg, Graf Mollard, Gräfin Meraviglia etc.) durch Kauf an die Gemeinde Wien.

Die Laimgrube gehörte seit den ältesten Zeiten zum Burgfrieden Wiens und hiess früher „Vor dem Widmerthore". Ihren späteren Namen erhielt sie von dem Lehm, der hier zur Ziegelbereitung gewonnen wurde.

Im Jahre 1330 stiftete auf diesem Grunde, in einer damals noch wüsten und öden Gegend, Herzog Otto, der Fröhliche das St. Merten-Spital, welches der Munificenz des Herzogs Albrecht des Lahmen und seiner Gemahlin eine wesentliche Erweiterung verdankte. Es befand sich knapp an der jetzigen Getreidemarkt-Kaserne und wurde im Jahre 1529, während der Türkenbelagerung, vollständig zerstört. Im Jahre 1349 entstand unweit des ehemaligen St. Merten-Spitales die Kirche und das Kloster zu St. Tibold (Theobald).

Die Laimgrube gehörte später theils dem Vicedom-Amte, theils dem Dom-Capitel und den Minoriten, gieng in der Mitte des 18. Jahrhunderts in den Besitz des Grafen von Selb über, dessen Erben dieses Besitzthum am 11. Juni 1775 um fl. 19.000 der Gemeinde Wien übergaben. Zu der jetzigen Kirche auf der Laimgrube legte Erzherzog Josef (später Josef I.) am 22. August 1687 den Grundstein. Nach dem Namen ihres Gründers wurde sie zu Ehren des heil. Josef eingeweiht. Auf der Anhöhe der Laimgrube standen mehrere Windmühlen, von denen diese Gegend auch den Namen erhielt.

Kaiser Ferdinand I. schenkte nämlich (1562) seinem Reichsherold, Hansen von Francolin, einen Theil der früheren Koth-, Kater- und Brunnenlucken zur Erbauung von Windmühlen. Von diesem kam der Besitz, nach mehrmaligem Wechsel, im Jahre 1620 an die Gemeinde Wien.

Der Name Mariahilf, anstatt der früherwähnten Bezeichnung „im Scheff", kam erst im 17. Jahrhunderte auf. Als nämlich dort die Barnabiten einen Grund kauften, um den Friedhof ihrer Pfarre anher zu verlegen, errichteten sie hier in der Nähe des zerstörten St. Theobald-Klosters auch eine hölzerne Kapelle und stellten in derselben (um das Jahr 1660) das bekannte Marienbild zur öffentlichen Verehrung aus, welches nach seinem in Passau befindlichen Urbild „Mariahilf" genannt wurde. Der Andrang zu diesem wunderthätigen Marienbilde war bald ein derart bedeutender, dass ein Wohnhaus für mehrere Geistliche erbaut werden musste und im Jahre 1686 unter der Aegide des Fürsten Paul Esterhazy zur Gründung der jetzigen Pfarrkirche geschritten werden konnte, welche jedoch erst im Jahre 1713 vollendet wurde.

Die Taborlinie.
(Text: Seite 16.)

Die Vorstadt Magdalenengrund erhielt ihren Namen von dem auf dem Stefansfriedhof gestandenen Magdalenenkirchlein (erbaut 1338, abgebrannt 1781), zu dessen Beneficien diese Gründe gehörten, welche vorwiegend aus Weingärten bestanden. Als die Gründe nach und nach verbaut wurden, erhielt ein Theil des Magdalenengrundes den Namen Ratzenstadl (wegen der vielen Ratten, im Wiener Dialect „Ratzen", die dort hausten). Heute ist das Ratzenstadl bereits grösstentheils verschwunden und hat grossen, lichten und luftigen Häusern Platz gemacht.

DER VII. UND VIII. BEZIRK.

Die Westbahnlinie (Abbildung auf Seite 79) und die Burggassenlinie (Abbildung auf Seite 81) führten von den ehemaligen Vororten in den VII. Bezirk, welcher Spittelberg, St. Ulrich, Neubau, Neustift, Schottenfeld und Altlerchenfeld umfasste.

An Stelle des Spittelberg war noch im Mittelalter eine ausgedehnte Viehweide, bis ein Herr von Kirchberg hier einen Meierhof anlegte und die Verbauung anderer Plätze daselbst durchführte. Aus diesen Ansiedlungen entstand ein kleiner Ort, welcher den volksthümlichen, aber auch in das Grundbuch übergegangenen Namen „Krowoten-Dörfel" erhielt. Die Benennung Spittelberg kam diesem Dörfl erst im Jahre 1693 zu. Am 1. März 1803 erkaufte die Gemeinde Wien einen Theil vom Bürgerspitale um fl. 102.730, einen anderen Theil am 1. Mai 1823 von der Kirchberg'schen Stiftadministration um fl. 16.800.

Dort, wo sich später die Gebäude des St. Ulrichgrundes erhoben, stand früher das Dorf Zeismannsbrunn, von seinem ersten Ansiedler so benannt. Zu Zeiten des glorreichen Leopold gehörte dieser Grund dem angesehenen und reichen Ministerialen Dietrich, welcher auch (1211) die erste Kirche zu St. Ulrich erbauen liess. Dietrichs Nachfolger, der Ritter Griffo, vertauschte Häuser und Kirche an die Abtei der Schotten, welche die Erbauung von Gehöften und Wohnhäusern eifrig betrieben und unterstützten, und in deren Besitz St. Ulrich bis zur Uebergabe an die Gemeinde Wien auch verblieb. Am 18. November 1693 wurde der obere Theil der Besitzung St. Ulrich von dieser abgetrennt und bildete unter dem Namen „Neubau" eine selbstständige Gemeinde.

Durch die Auflassung der sogenannten Schotten-Felder und deren Verwendung zu Bauplätzen entstand im Jahre 1780 Schottenfeld, später wegen des Reichthumes seiner industriellen Bewohner auch „der Brillantengrund" genannt. Die dortige Pfarrkirche liess der Schottenabt Benno I. (1784—1786) erbauen.

Altlerchenfeld war in frühester Zeit im Besitze des Vicedom-Amtes. Es wird bereits im Jahre 1337 Larichnfeld genannt. In dieser Gegend, wo sich auch ein fürstliches Lustschlösschen befand, pflegte im Mittelalter der allerhöchste Hof sich an dem Lerchenfange zu vergnügen. Im Jahre 1714 wurde die alte Kirche zu den „sieben Zufluchten" erbaut, an deren Stelle in unseren Tagen die jetzige, schöne Kirche errichtet wurde. Am 1. September 1810 kam dieser Grund in den Besitz der Gemeinde Wien.

Die Lerchenfelder-Linie (Abbildung auf Seite 81) führte zwischen dem VII. und VIII. Bezirke nach Neulerchenfeld. Zu dem VIII. Bezirke gehörten die Josefstadt, Breitenfeld und der Strozzi'sche Grund.

Die Josefstadt hiess früher „das obere Buchfeld" und kommt diese Bezeichnung urkundlich bereits im Jahre 1281 vor. Den Grund, welcher aus Weingärten und Ackerland bestand, hatten nacheinander das Stift Passau, die Herren von Neudegg, von Kirchberg und das Stift Schotten zum Lehen; später

Partie aus dem XI. Bezirke. — Das Neugebäude.
(Text: Seite 66 und 67.)

erkaufte ihn Graf von Malaspina, welcher die Parzellierung durchführte, die Erbauung von Häusern eifrig betrieb und am 30. April 1700 den Grund an die Gemeinde Wien um fl. 95.000 verkaufte.

Seinen jetzigen Namen erhielt „das obere Buchfeld" zur Erinnerung an die Krönung Josef I. zum römischen König.

Die Piaristenkirche wurde 1698 von Kaiser Leopold I. gegründet, im Jahre 1716 vollendet und drei Jahre später zur Pfarrkirche erhoben. Der Strozzi'sche Grund gehörte seiner Zeit zu Lerchenfeld und war im Besitze des Vicedom-Amtes.

Erst nach der zweiten Türkenbelagerung wurden hier die ersten Häuser erbaut. Zu Beginn des 18. Jahrhunderts erkaufte sich die verwitwete Marianne Strozzi einen grossen Grundcom-

Die Erdberger Linie.

plex, erbaute daselbst ein Palais, legte einen schönen Garten an und verwendete einen Theil des übrig gebliebenen Grundes zur Erbauung von Häusern, während der andere Theil als Weingarten verblieb.

Nach Katharina Strozzi gieng der Besitz auf den Grafen Khevenhüller, von diesen auf den Erzbischof von Valencia Anton Folco da Cordona über, dessen Erben den Verkauf an die Gemeinde Wien (1746) bewerkstelligten.

Das zwischen der Hernalser- und der Lerchenfelder-Linie gelegene, den Schotten gehörige Getreidefeld, genannt die „Alserbreite" wurde im Jahre 1801 von seinen Eigenthümern der Verbauung übergeben. Es entstand binnen Kurzem eine kleine Vorstadt, welche bis zu ihrer Vereinigung mit den benachbarten Gründen als VIII. Bezirk, den Namen Breitenfeld führte.

DER IX. BEZIRK.

Von dem ehemaligen Vororte Hernals gelangte man durch die Hernalser Linie (Seite 83) in den VIII. und IX. Bezirk, von dem Vororte Währing durch die Währinger Linie (Seite 83) und von Döbling durch die Nussdorfer Linie (Abbildung auf Seite 85) in den IX. Bezirk, der die Alservorstadt und die ehemaligen Gründe Thury, Liechtenthal, den Himmelpfortgrund, den Michelbeuerischen Grund, Althan und die Rossau umfasst.

Der „Grund an der Als", welcher sich seiner Zeit von dem heutigen Hernals bis zu der Wiener Stadtmauer erstreckte, war zu Zeiten des Herzogs Heinrich Jasomirgott im Besitze eingewanderter Griechen, welche sich die Griechen von Als, die Herren von Als nannten.

Die ersten Ansiedlungen fanden in der jetzigen Alserstrasse statt, deren Name bereits im Jahre 1211 urkundlich erwähnt wird.

Die vom Dorfe Währing benannte Währingerstrasse liegt auf dem sogenannten Ochsenberge, dessen Rückseite gegen den Thury — nach Peter von Strudel, dem ersten Director der Wiener Malerakademie — den Namen Strudelberg führte.

Der Michelbeuerische Grund hiess in den ältesten Zeiten „der Gozlosberg". Er gehörte später lange Zeit dem Benedictiner-Stifte St. Michelbeuern in Salzburg, von welchem er am 19. August 1786 um den Betrag von fl. 10.000.— an die Wiener Gemeinde übergieng.

Den Hügel, worauf der Himmelpfortgrund lag, nannte man früher „Spörkenbühel". Dortselbst befand sich im 17. Jahrhunderte das Kloster Himmelpforten.

Erst in der zweiten Hälfte des 18. Jahrhunderts jedoch begann auf dem Himmelpfortgrund eine grössere Bauthätigkeit, die dann allerdings durch die Verheerungen, welche die Explosion des Pulverthurmes (1779) verursachte, eine vorübergehende Störung erfuhr. Am 1. August 1824 kaufte diesen Grund die Stadt Wien von dem k. k. Religionsfonds um den Betrag von fl. 62000.—.

Die St. Marxer Linie mit dem Gasthause „Zum ewigen Leben".
(Text: Seite 51.)

Die Gegend des Thury hiess früher „der Gries an der Als", später „Siechenals", weil sich hier das Siechenhaus zu St. Johann befand, welches im Jahre 1476 von Kaiser Friedrich dem Probste zu St. Dorothea in Wien in's Eigenthum übergeben wurde.

Das erste hölzerne Kirchlein, welches hier im Walde an den Ufern der Als gestanden, wurde in der Mitte des 11. Jahrhunderts durch einen Steinbau ersetzt. Das Schottenstiftbuch vom Jahre 1158 nennt diese Kirche bereits zu „St. Johann in der Als".

Im Jahre 1179 wurde hier ein Siechenhaus erbaut, in dessen Umgebung sich bald Häuser, Gehöfte und Meiereien erhoben, die jedoch alle im Jahre 1529, während der Türkenbelagerung, zerstört wurden.

Über 100 Jahre hindurch blieb nun die durch die Überschwemmungen des Alserbaches verwüstete Gegend ganz verödet, bis sich im Jahre 1646 Johann Thury, ein Bedienter des Kaisers Ferdinand III. entschloss, hier ein Haus zu erbauen, welchem Entschlusse bald mehrere andere Ansiedler folgten.

Bei der zweiten Türkenbelagerung wurden alle diese Häuser niedergebrannt, später jedoch sammt dem Johanneskirchlein wieder aufgebaut.

Im Jahre 1706 brachte die Stadt Wien diese Gegend durch Kauf an sich; mächtige Bauten entstanden und dem Baue des Bürgerspitales fiel auch das Johanneskirchlein zum Opfer.

Das tiefgelegene Liechtenthal hat seinen Namen von den Fürsten Liechtenstein, deren einer, Heinrich von Liechtenstein bereits im Jahre 1254 als Besitzer der grossen Wiese unter dem dürren Sporkenbühel urkundlich erwähnt wird. Dem Fürsten Adam von Liechtenstein verdankt Liechtenthal sein Entstehen als Vorstadtgrund. Dieser Fürst erbaute auch im Jahre 1694 ein grosses Bräuhaus, worin sich der herrschaftliche Amtssitz befand.

Als dieser Grund im Jahre 1704 von dem Linienwalle eingeschlossen wurde, liess Fürst Liechtenstein einen grossen Theil der Wiesen parcelliren und verstand es, durch Gewährung von zeitlichen Steuerfreiheiten an Baulustige, die Bauthätigkeit zu erhöhen. Bald entstand eine blühende Vorstadt, die, einestheils nach dem Fürsten, anderntheils mit Rücksicht auf ihre Lage — zwischen zwei Hügeln — den Namen „Liechtenthal" erhielt.

Zu der Kirche „zu den 14 Nothhelfern" wurde am 20. November 1712 der Grundstein gelegt. Am 21. December 1730 fand die Einweihung dieser Kirche statt, welche im Jahre 1770 einer Erweiterung unterzogen wurde.

Althan hatte seinen Namen von dem Obersthof- und Landjägermeister Christof Johann Grafen von Althan, der sich hier, nach der zweiten Türkenbelagerung ein Haus erbaute. Im Jahre 1713 verkaufte die fürstliche Familie diesen Grund an die Gemeinde Wien, welche bald hierauf die Parcellirung und Verbauung der Grundstücke in Angriff nahm.

Vor der ersten Türkenbelagerung hiess die Gegend der Rossau „der obere Gries", nach derselben wurde sie „der obere Werd" benannt.

Auf diesem Grunde lag, knapp an den Stadtwällen, die kleine Fischervorstadt, die ihr eigenes Kirchlein St. Johann in der Au besass.

Vorstadt und Kirchlein wurden im Jahre 1529 demoliert, später neu erbaut und im Jahre 1683 von den Türken vollständig dem Erdboden gleichgemacht.

Nach der zweiten Türkenbelagerung siedelten sich die Fischer in grösserer Entfernung von der Stadt an, wodurch bald eine neue Fischervorstadt in der Gegend der späteren

Die Belvedere-Linie.
(Text: Seite 53.)

Rossau entstand. Diesen Namen erhielt die Gegend gegen Ende des 17. Jahrhunderts, als der „obere Werd" als Weideplatz für die Pferde des Donau-Schiffszuges benützt wurde.

Hier befindet sich auch der alte Judenfriedhof, der jetzt von Zinsburgen eingeschlossen ist.

Die Kirche und das Kloster der Serviten wurden im Jahre 1638 durch den General-Capitän Ottavio Piccolomini gegründet.

DER X. BEZIRK.

Favoriten, der einzige, frühere Bezirk ausserhalb des Linienwalles, besteht auch aus Gebietstheilen von Ober-, beziehungsweise Unter-Laa und Inzersdorf. Die ersten Ansiedler auf dem Boden dieses Bezirkes, deren Spuren dort nachweisbar, waren die Römer. Obwohl die aus Wien nach Italien führende Strasse, auf welcher schon zu Zeiten der Kreuzzüge ein reger Verkehr herrschte, das Gebiet des jetzigen X. Bezirkes durchzog, brachte es Favoriten, welches von dem k. k. Lustschloss Favorita den Namen erhielt, doch zu keiner besonderen Entwicklung, es wurden die wenigen Häuser, die es besass, im Jahre 1683 verwüstet, wonach es sich nur mühsam erholte.

Erst als hier in den Jahren 1849—1855 das k. k. Arsenal, 1868 der Südbahnhof erbaut wurde, hob sich die Bauthätigkeit. Favoriten wurde, bis 1871 mit der Wieden und einem Theile der Landstrasse vereinigt, in diesem Jahre ein selbständiger Bezirk, der jetzt zu den dichtbevölkertsten (Arbeiter-) Bezirken Wiens gehört. Die Kirche zum heil. Johann Evangelist wurde im Jahre 1876 erbaut.

DER XI. BEZIRK.

Der neue XI. Wiener Bezirk heisst Simmering und umfasst ausser diesem Vororte noch einen Theil der Herrschaft Kaiser-Ebersdorf und Theile von Kaiser-Ebersdorf, Schwechat und Kledering. Der frühere Name Simmerings war Simoningen, und wurde das Geschlecht der Herren von Simoningen bereits im 11. Jahrhunderte urkundlich genannt.

Im Jahre 1252 verkaufte diese Familie ihr Besitzthum an das Kloster Michelbeuern und starb im 14. Jahrhunderte aus. Im Jahre 1678 kam Simmering an das Himmelpfortkloster in Wien und wurde im Jahre 1828 vom Religionsfonds verkauft. Simmerings Lage an der ungarischen Heerstrasse war seiner Entwicklung nicht günstig. Es wurde (1485) durch Math. Corvinus, (1529 und 1683) durch die Türken, (1707) von den ungarischen Revolutionären und (1809) von den Franzosen geplündert und verwüstet. Erst in neuester Zeit, als hieher grossartige Industrien verlegt wurden, wodurch sich für die Arbeiter das Bedürfnis nach nahe gelegenen Wohnungen geltend machte, und als der Centralfriedhof erbaut wurde (Eröffnung am 1. November 1874), hob sich der Wohlstand und die Grösse Simmerings in bedeutendem Masse.

Die Simmeringer Heide ist grösstentheils ein Ueberbleibsel des alten Donaubettes. Noch vor 150 Jahren floss der Donaucanal hart unter den Höfen von St. Marx und Simmering dahin.

Auf der Simmeringer Heide steht das sogenannte Neugebäude, ein Bau auffallender Form. Bei der ersten Belagerung Wiens durch die Türken stand hier das Zelt Solimans, von welchem die grüne Fahne des Propheten wehte. Soliman selbst bezog das nahe Schloss bei Ebersdorf.

Nach der Form dieses Zeltes erbaute Rudolf II. (1587) an derselben Stelle ein Lustschloss mit einem Thiergarten, welches die Türken bei ihrem abermaligen Erscheinen (1683) vor Wien, aus Achtung vor Solimans Andenken verschonten.

Zu Zeiten Kaiser Josef I. war dieses Schloss noch ein beliebter Aufenthaltsort des Hofes. Kaiser Leopold I. erweiterte das hier befindliche Menagerie-Gebäude durch einen Zubau, welcher unter dem Namen „Neu-Bau" bekannt, die Veranlassung dazu gab, dem ganzen Lustschlosse, welches später von den ungarischen Malcontenten grösstentheils zerstört wurde, die Bezeichnung „das Neugebäu" zu geben (Illustration auf Seite 61).

Einer der ältesten der jetzt zu Gross-Wien gehörigen Ortschaften ist Kaiser-Ebersdorf. Ziegelfunde belehren uns, dass hier ein Standort römischer Legionen gewesen. Schon im Jahre 1098 wird eines Heinrich von Ebersdorf erwähnt, welcher die Würde eines Bischofs von Freisingen hatte.

Die Ebersdorf gehörten einem der ältesten und mächtigsten Geschlechter an, das jedoch im Jahre 1556 erlosch. 55 Jahre früher schon gieng Ebersdorf der Familie verloren. Ein Hochverrath des Veit von Ebersdorf, der Feldhauptmann des Kaisers Friedrich III. gewesen, hatte die Einziehung dieser Herrschaft zur Folge, welche Maria Theresia im Jahre 1745 dem Armenfonds mit der Bestimmung schenkte, ein Erziehungs-Institut für arme Officierstöchter hier zu errichten.

Die Südbahn- (Alleegassen-) Linie.
(Text: Seite 53.)

Als Kaiser Josef II. dieses Institut nach Hernals verlegt hatte, wurde das verlassene Gebäude zu Kasernenzwecken verwendet. Das Schlossgebäude wurde (1485) von Mathias Corvinus belagert und eingenommen. Im Jahre 1529 war es das Hauptquartier Solimans. Nach dem Abzuge der Türken entstanden in der Nähe des Schlosses mehrere Ansiedlungen; diese und jenes wurden im Jahre 1683 eingeäschert und erst nach 10 Jahren, nachdem Kaiser Leopold I., welcher hier jährlich die Jagdzeit zubrachte, das Schloss neu herstellen lassen hatte, regte sich die Baulust wieder, und es entstand nach und nach das Ebersdorf unserer Tage, welches zur Erinnerung an die kaiserliche Fürsorge, welches dem Schlosse*) und der kleinen Gemeinde stets zu Theil ward, Kaiser-Ebersdorf genannt wurde.

DER XII. BEZIRK.

Der nunmehrige XII. Bezirk (Meidling) umfasst Gaudenzdorf, Ober- und Unter-Meidling, Altmannsdorf und Hetzendorf.

In Gaudenzdorf wurden die ersten Häuser im Jahre 1812 erbaut. Es gehörte nach Klosterneuburg und erhielt seinen Namen von dem verstorbenen Prälaten Gaudenz Dunkler, der sich um die Erweiterung dieses Dorfes sehr verdient gemacht hatte.

Viele Jahre hindurch war das grosse Brünhaus mit seinem terrassenförmig angelegten Gasthausgarten des k. k. Hofbräuers Josef Gierster das Ziel zahlreicher Besucher. Dieses Bräuhaus — heute als Remise für die Omnibus-Gesellschaft dienend — wird demnächst schon demoliert und der Grund, darauf es steht, parcelliert werden.

Meidling zählte zu den ältesten Vororten Wiens; sein Name „Mewelingen" erscheint bereits im Jahre 1146 in der Dotation des Stiftes Klosterneuburg erwähnt. Im 16. Jahrhunderte war Meidling bereits ein blühendes Gemeindewesen, welches fünf grosse Freihöfe besass. Die Türkenbelagerungen, sowie häufige Ueberschwemmungen des Wienflusses zerstörten nach und nach den Wohlstand, so dass Meidling im Jahre 1739 nur mehr gegen 30 Häuser zählte. Die Pfarrkirche ist insoferne bemerkenswerth, als sie die erste Kirche in Oesterreich ist, welche dem heil. Johann von Nepomuk geweiht wurde. Ihre Gründung geschah durch die Gemeinde nach einer grossen Ueberschwemmung im Jahre 1732; 12 Jahre später wurde sie zur Pfarre erhoben.

In Meidling befindet sich auch das Theresienschloss, beziehungsweise das Theresienbad. Das weitläufige Gebäude wurde von Kaiser Josef I. erbaut und in demselben (1766) die Wollzeugfabrik eingerichtet, in welcher Maria Theresia die armen, bisher in Ebersdorf verpflegten Mädchen verwendete. Als diese Fabrik nach Linz verlegt wurde, wurde das Gebäude verkauft.

---

*) Ebersdorf hatte eigentlich drei Schlösser; das sogenannte herrschaftliche Schloss, den Dienstlhof (früher Schlögelhof) und das kaiserliche Schloss, welches ursprünglich eine Wasserveste gewesen und mit einem breiten Graben umzogen war.

Die Favoriten-Linie.
(Text: Seite 53.)

Bereits im Jahre 1755 entdeckte man hier eine Heilquelle, welche anfänglich nur zum Gebrauche der Mitglieder des Hofes diente. Später wurde das Gebäude erweitert, im Jahre 1807 ein Theater mit Logen und zwei Gallerien erbaut und die Verschönerung des grossen Gartens (13.000 Quadrat-Klafter) durchgeführt. Das Bad mit dem seiner Zeit entsprechenden Comfort ausgestattet, gehörte viele Jahre dem bekannten Schaf- und Bienenzüchter, Freiherrn Josef von Ehrenfeld.

Unweit des Theresienbades stand „die rothe Mühle", an deren Stelle sich jetzt die 1836 neuerbaute Cavallerie-Kaserne befindet.

Auf dem nahen Grünberg errichteten im Jahre 1830 zwei Berliner Unternehmer eine grossartige Anlage: Tivoli; einige Jahre hindurch erfreuten sie sich eines bedeutenden Zuspruches; auch Strauss sen. spielte dort; die gesättigte Neugierde der Wiener und die mangelhafte Communication mit der Stadt brachten das Tivoli jedoch dem Verfalle nahe, es wurde im Jahre 1835 in einer Lotterie ausgespielt, aber von den Besitzern zurückgewonnen. Seit dieser Zeit wechselten die Eigenthümer dieses Etablissements, das durch die bessere Communication, welche Meidling im Laufe der Jahre erhielt, noch immer als beliebter Ausflugsort für Jung und Alt gilt.

Eine Allee führt von hier nach dem tiefer gelegenen Hetzendorf und dem benachbarten Altmannsdorf.

Schon im Jahre 1190 geschieht eines Herwicus von Hetzendorf urkundlich Erwähnung. Im Jahre 1694 erbaute hier Graf Sigmund von Thun ein kleines Schloss, welches — nach seinem Erbauer der Thunhof genannt — im Jahre 1744 von der Kaiserin Maria Theresia sammt dem Dorfe, welches dem deutschen Orden gehörte, angekauft und zum Wohnsitze ihrer Mutter Elisabeth — der Witwe des Kaisers Karl VI. — bestimmt wurde. Der Bau des jetzigen Schlosses wurde von dem Hofarchitekten Pakassi ausgeführt. Nach dem Tode der Kaiserin Elisabeth (1750) wurde dieses Schloss von verschiedenen Mitgliedern des Hofes bewohnt; besonders Kaiser Josef II. liebte es, hier zu verweilen und wies eine grössere Summe zur Verschönerung und Erweiterung des Schlosses an, welch' letztere er jedoch nicht mehr erlebte.

Hetzendorf ist der erste Ort, in welchem die Schutzpockenimpfung im Grossen ausgeführt wurde; im Jahre 1762 wurde hier auf Befehl der Kaiserin Maria Theresia die Inoculation an mehreren hundert Kindern des Adels und der Landbevölkerung vorgenommen.

Hetzendorf ist auch durch die Thatsache interessant, dass hier die ersten artesischen Brunnen in Oesterreich entstanden.

DER XIII. BEZIRK.

Der XIII. Bezirk (Hietzing) vereinigt in sich die früheren selbstständigen Gemeinden: Hietzing, Penzing, Ober- und Unter-St. Veit, Breitensee, Baumgarten, Hacking, Lainz, Speising, das k. k. Lustschloss und die Katastral-Gemeinde Schönbrunn und Theile der Gemeinden Mauer, Hütteldorf und Hadersdorf.

Schon unter den Babenbergern genannt, kommt bereits im Jahre 1133 ein Rupert von Hezingen urkundlich vor. Bekannt ist auch die Sage, wonach, als im Jahre 1529 hier der Pascha Michal Oglu sein Lager hatte, von dem von Bauern aus der Kirche geretteten Marienbilde die Worte „Hüt's Eng" (Hütet Euch) ertönt seien, wonach das Dorf den Namen erhalten habe.

Den Grund zu der heutigen Kirche legte der deutsche Orden, der hier eine Marienkapelle errichtete, welche die Gemahlin des Herzogs Albrecht II. mit einem Altare und einer Mess-Stiftung beschenkte (1340).

Im Anfange des 13. Jahrhunderts war Hietzing im Besitze des deutschen Ordens, kam im Jahre 1253 an Klosterneuburg und wurde durch die oben geschilderte, wunderbare Begebenheit bald ein gesuchter Wallfahrtsort, der sich rasch entwickelte.

Dommayer's Kasino, in welchem Strauss spielte und die nachmalige — nun parcellirte — „Neue Welt", übten eine starke Anziehungskraft auf die Wiener, bei welchen Hietzing, besonders auch wegen der Nähe Schönbrunns, von jeher als Ausflugsort und Sommerfrische beliebt war.

Kaiser Mathias erbaute im Jahre 1619 in der Nähe einer trefflichen Quelle ein Jagdschloss, welches später den Namen

Schönbrunn erhielt. Dieses Schloss wurde der Sommersitz der Kaiserin Eleonora; zwei Jahre nach deren Tode (1657) erhielt Schönbrunn die Witwe Ferdinand III., Maria Eleonora Gonzaga, welche dasselbe verschönerte. In dem Türkenkriege 1683 wurde das Schloss fast vollständig zerstört; erst Josef I. liess durch Fischer von Erlach einen Neubau aufführen, welchen die grosse Kaiserin wesentlich erweiterte. Im Jahre 1752 wurde die Menagerie angelegt. Auch die der Kaiserin nachfolgenden Monarchen

Die Matzleinsdorfer Linie.

verwendeten bedeutende Summen für die Erweiterung und Verschönerung dieses Schlosses, in welchem (1805 und 1809) Napoleon sein Hauptquartier aufgeschlagen hatte, und in welchem in den Tagen des Congresses die grossartigsten Feste abgehalten wurden.

Bis in die jüngste Zeit wurde für Schönbrunn sehr viel gethan, in dessen Mauern unser geliebter Kaiser stets einige Wochen im Jahre zu wohnen pflegt.

Auch Penzing ist sehr alten Ursprunges, und gehörten einstens zur Penzinger Pfarre die Ortschaften Meidling, Hietzing, Lainz, Speising, Ober- und Unter-Baumgarten und Breitensee.

Diese sieben Gemeinden pflanzten sieben Eichen um die Kirche, weshalb dieselbe „bei den sieben Eichen im heiligen Thale" hiess. Auch an den Namen dieses Ortes knüpft sich eine Sage. Nachdem Friedrich der Streitbare, der letzte Babenberger, im Jahre 1232, in der Schottenkirche zum Ritter geschlagen worden war, hielt er mit den österreichischen Ständen und 200 jungen Edlen in der Gegend des heutigen Penzing ein Turnier ab. Von dem Zurufe des Herzogs: „Penzt Eug" (Tummelt Euch umher) soll das damals bereits bestandene Dorf den Namen Penzingen*) (Tummelplatz) erhalten haben.

Penzing blühte bald als industrieller Ort. Die Schafwoll-, Baumwoll- und Seidenzeug-Druckerei wurde hier eifrigst betrieben und trug zur raschen Bebauung der Gründe wesentlich bei. Im Jahre 1836 baute Johann Pemperle an Stelle eines hölzernen Steges eine Kettenbrücke über den Wienfluss, welcher in unseren Jahren die neu erbaute Franz Josef-Brücke weichen musste.

Unter-St. Veit wurde erst im Jahre 1803 angelegt; hingegen ist Ober-St. Veit sehr alt und erscheint bereits im Jahre 1170 als eigene Herrschaft und als Pfarrdorf.

Im 14. Jahrhundert wurde St. Veit bald „in der Au" bald „auf der Wien" genannt. Damals stand hier eine feste Burg, welche Rudolf IV. (1365) an St. Stephan schenken wollte. Diese Stiftung kam jedoch damals nicht zu Stande. Im Jahre 1433 liess der Domprobst eine schöne, von sieben Pfeilern getragene Kirche erbauen. Die beiden Türkenbelagerungen und die Verheerungen der Pest devastierten und entvölkerten St. Veit derart, dass es von einem Markte zum Dorfe herabsank. Im Jahre 1742 erbaute Cardinal Kollonitz Kirche und Schloss in seiner jetzigen Gestalt; dessen Nachfolger Cardinal Migazzi verkaufte es der Kaiserin Maria Theresia, die mannigfache Verschönerungen an derselben durchführen liess. Im Jahre 1780 kaufte es Migazzi zurück. Im Jahre 1805 diente es als französisches Spital, im Jahre 1809 wurde es geplündert und theilweise verwüstet und durch die Erzbischöfe Graf Hohenwarth und Graf Firmian wieder neu hergestellt.

Das Presbyterium der Kirche ist noch ein Ueberrest des alten Baues vom Jahre 1433.

Dicht an Ober-St. Veit liegt Hacking, welchem das vom 13.—16. Jahrhunderte blühenden Geschlechte der Hakkinger den Namen gab.

Nach mannigfachem Besitzwechsel erhielt, im Jahre 1778, der deutsche Orden das Gut, das Schloss kam in den Besitz der Baronin Mainau, dann in den des Prinzen von Wasa.

In Hacking befand sich auch eine von Maria Theresia angelegte Maulbeerbaum-Pflanzung. Durch die Wiedererwerbung Ober-Italiens, wohin nun die Seidenzucht verlegt wurde, gieng die St. Veiter Plantage allmälig ihrem Verfalle entgegen.

Über dem Wienflusse liegt Hütteldorf, wegen seiner grossartigen Brauereien auch ausserhalb Wiens bekannt.

Der Sage nach, soll hier der heilige Severin, bevor er in die Gegend von Sievering und Heiligenstadt zog, längere Zeit gelebt haben. Die Nachrichten über Hütteldorfs Vergangenheit

---

*) Noch jetzt ist „penzet," = reizen, aneifern, ein österreichischer Provinzialismus.

sind sehr spärlich und theilweise nicht beglaubigt. Thatsache ist, dass dort im Mittelalter die Herren von Hittendorf sesshaft gewesen.

Der Ort hiess ursprünglich Uteldorf, von dem nahen Utelberg so genannt.

Um das Jahr 1345 waren hier herzogliche Forstmeister angesiedelt, von denen Wernher der Schenk die erst in unseren Tagen demolierte Kirche gegründet haben soll.

Im Jahre 1683 gieng Hütteldorf in Brand auf.

Im Jahre 1805 entdeckte man im Gebirge hinter Hütteldorf ergiebige Quellen, deren Wasser in einem grossen Reservoir gesammelt, dann in eisernen Röhren, unterirdisch, bis nach Mariahilf geleitet wurden. Diese Wasserleitung, die Christinische genannt, bestand bis in unseren Tagen.

Die Ausläufer Hietzings werden von einem Hügel, dem Küniglberg, eingesäumt, auf dessen halber Höhe das nunmehr baufällige Landhaus des berühmten Arztes Malfatti steht. Am Fusse des Hügels führt der „Promenadeweg" nach Lainz, welches kein sonderliches Interesse bietet. Wenngleich die Kirche schon im Jahre 1421 erbaut worden war, und sich hier ein Jagdort des Kaisers Mathias befand, erfolgte die Besiedelung doch sehr langsam. Im Jahre 1809 wurde es von den Franzosen vollständig ausgeplündert.

Die Hundsthurmer (Schönbrunner, Gaudenzdorfer) Linie.
(Text Seite 55.)

Seit neuester Zeit, insbesondere seitdem die Kaiserin Elisabeth in dem mit allem Comfort ausgestatteten Lainzerschloss zeitweiligen Aufenthalt nimmt, hat Lainz einen ziemlichen Aufschwung erfahren.

Speising, die Nachbargemeinde von Lainz, wohin dieselbe auch eingepfarrt ist, führt seinen Namen auf eine sagenhafte Episode zurück.

Als einst ein Babenberger Herzog sich im Wienerwalde auf der Jagd verirrte, kam er erst spät Abends zu den sieben Holzknechthütten, welche damals hier standen. Der Ermattete und Hungernde frug nun einen der Holzknechte, ob keiner eine Nahrung für ihn habe, worauf einer der Holzknechte, dem Herzog eine Schüssel reichend, sagte: „Habt's ka Sorg', i speis Eng!" — —

Die Begrenzung Wiens bildet von Hütteldorf an bis nach Mauer der kaiserliche Thiergarten.

Die Anlage desselben fällt in die Regierungszeit Karls VI. Kaiser Josef gab ihm die jetzige Ausdehnung und liess ihn, um das Ausbrechen des Wildes zu verhindern, mit jener, allen Wienern bekannten, langen Mauer umgeben.

Hadersdorf kommt bereits im Jahre 1130 vor, um welche Zeit es Ritter von Hederichesdorff zum Lehen hatte.

Kaiser Friedrich IV. schenkte den „Gejaidhof zu Hadersdorf" seiner Gemahlin Eleonora. Hierauf wechselte es oft die Besitzer, bis es (1799) Maria Theresia dem Freiherrn von Laudon schenkte, der auch hier begraben ist.

DER XIV. UND XV. BEZIRK.

Der XIV. Bezirk (Rudolfsheim) und der XV. Bezirk (Fünfhaus) umfassen die ehemaligen Gründe Rustendorf, Braunhirschengrund, Reindorf, Fünfhaus und Sechshaus, sowie die Schmelz.

Mit Ausnahme von Reindorf, welches schon im 12. Jahrhundert unter dem Namen Meinhardsdorf oder Manhardsdorf bestanden haben, später aber ganz verschwunden sein soll und erst um das Jahr 1730 unter dem Namen „in der Rain" als Besitzung des Grafen Meraviglia auftauchte, fällt die Gründung dieser Ortschaften in das vorige Jahrhundert.

Fünfhaus erhielt seinen Namen von den ersten fünf Häusern, welche im Jahre 1780 in dieser Gegend „die hangende Lüsse" genannt, erbaut wurden. Ähnlich ist die Entstehung von Sechshaus. Rustendorf hiess ehemals Rusten und wurde, als es noch aus drei Häusern bestand, Dreihaus genannt.

Braunhirschen bekam seine Bezeichnung nach dem Wirtshause zum braunen Hirschen (dem ehemaligen Werdenburghofe). Zu Ehren des verstorbenen Kronprinzen Rudolf erhielten die vereinigten Gemeinden, beziehungsweise der jetzige XIV. Bezirk, den Namen Rudolfsheim.

Die Gumpendorfer Linie.
(Text: Seite 56.)

In den genannten Ortschaften war der Hauptsitz der Wiener Fabriks- und Gewerbe-Thätigkeit, welchem Umstande sie auch das rasche Emporblühen verdankten.

In den Rayon des Bezirkes gehört auch jene, jetzt theilweise schon verbaute Fläche, welche zwischen der ehemaligen Mariahilfer- und Lerchenfelder-Linie beginnend, sich bis zum Predigtstuhl — dem späteren Gallizinberge ausdehnt und unter dem Namen „Schmelz" bekannt ist. In älteren Zeiten durften gewisse Schmelz-Arbeiten nur entfernt von der Stadt vorgenommen werden. Zu diesem Behufe wurde hier auch ein Schmelzhaus erbaut, welches bei der Türkenbelagerung 1683 zerstört wurde. Der Name Schmelz für diese Ebene blieb bis auf unsere Tage.

Partie aus dem XVIII. Bezirk.
Die Sternwarte und der Aussichtsthurm im Türkenschanzparke.

DER XVI. BEZIRK.

Der XVI. Bezirk (Ottakring) ist aus den bisherigen Ortsgemeinden Ottakring und Neulerchenfeld gebildet und soll, einigen Forschern zu Folge nach Odoaker, gemäss den Meinungen Anderer, nach Ottokar benannt worden sein. Für die wiederholt aufgetauchte Annahme, dass hier bereits Karl der Grosse eine Kirche habe erbauen lassen, fehlt der urkundliche Nachweis. Thatsache ist, dass hier der Führer von M. Corvins Scharen, Namens Czernahora gehaust und die Ansiedlungen, welche zuerst längs des Ottakringerbaches entstanden, verwüstet hatte.

Im Jahre 1576 erscheint das Geschlecht des Brassicani im Besitze Ottakrings, welches sich durch Ansiedlungen nach und nach erweiterte, im Jahre 1835 fast vollständig abbrannte, jedoch rasch wieder aufblühte.

Im Jahre 1785 kaufte Fürst Demeter Gallizin von der Gemeinde Ottakring den „Predigtstuhl" einen Berg, erbaute dortselbst ein Landhaus, legte einen prachtvollen Park an, welcher durch gebahnte Wege mit Dornbach und dem Heuberge, sowie mit den Paar'schen Anlagen in Hütteldorf in Verbindung stand. Seit dieser Zeit heisst der Predigtstuhl Gallizinberg. Nach dem Tode des Fürsten (1795) kam der Besitz an den Fürsten Romanzow, der ihn an Private überliess, wodurch die Anlagen verfielen. Nach mannigfachen Schicksalen kam der Berg in den Besitz der Fürsten Montleart, welche die Restaurierung der Gebäude und die Wiederherstellung des Parks veranlassten.

Neulerchenfeld entstand erst zu Beginn des XVIII. Jahrhunderts. Es war früher mit Lerchenfeld vereinigt; als das „alte" Lerchenfeld zu den Vorstädten kam, hob sich Neulerchenfeld überraschend schnell, so dass es schon (1713), zehn Jahre nach seiner Gründung, 45 Häuser zählte. Im Jahre 1732 wurde die Kirche erbaut und zur Pfarre erhoben. Als um das Jahr 1790 der Ottakringerbach gereinigt, seine Ufer in Wirthshausgärten verwandelt wurden, erhielt der Ort durch die den „Heurigen" gerne aufsuchenden Wiener starken Zuzug aus der Stadt.

DER XVII. BEZIRK.

Hernals, der XVII. Bezirk umfasst die bisherigen Ortschaften Hernals mit Theilen von Dornbach und Neuwaldegg.

Bereits im 12. Jahrhunderte erscheinen die „Herren von Als", welche dem Orte ihren Namen gegeben haben sollen. Andere meinen, dass der Name davon abzuleiten sei, dass Hernals, welches diesseits der Als lag, mundartlich „heriner der Als" genannt wurde. Nach den Jahren 1358 wird der Herren von Als urkundlich nicht mehr erwähnt. Das Dorf kam in den Besitz der Herren von Geyer, dann der Jörger, eifriger Protestanten, was zur Folge hatte, dass Hernals bald der Hauptsitz der neuen Lehre wurde.

Die Mariahilfer Linie.
(Text Seite 76.)

Kaiser Rudolf liess denn auch im Jahre 1577 die Kirche in Hernals schliessen, 1588 die dortigen widersetzlichen „Prädikanten" verbannen, und den Cultus ganz verbieten.

Als Kaiser Mathias (1609) die von Maximilian II. den Protestanten gegebenen Privilegien bestätigte, beriefen die Jörger vier protestantische Prediger nach Hernals, welche für die neue Lehre äusserst thätig waren. Ferdinand II. verhängte später gegen die aufrührerischen Jörger die Reichsacht und übergab Hernals als erledigtes Reichslehen dem Wiener Domcapitel. Die zweite Türkenbelagerung (1683) hatte zwar die Verwüstung des Dorfes im Gefolge, bald entstand jedoch der Ort wieder, der sich im Laufe von zwei Jahrhunderten zum grössten Dorfe Oesterreichs erhob.

Der berühmten Kirche verdankt Hernals einen grossen Antheil an seinem Emporkommen. Vor dem Jahre 1352 befand sich hier bereits eine Kapelle. Als das Domcapitel dieses Besitzthum erhielt, wurden die Jesuiten dazu verwendet, dem römisch-katholischen Cultus den verloren gegangenen Einfluss wieder zu erobern. Der Kaiser beschloss nach dem Jerusalemer Vorbilde ein heiliges Grab zu erbauen, und den Bemühungen des eifrigen Jesuiten Muffart gelang es, im Sammlungswege so viel Geld zu beschaffen, dass vom Schottenthore an die Kreuzigungs-Stationen erbaut werden konnten. Zwei Wiener Bürger Georg Neuhauser und Johann Eisenhut liessen rückwärts vom heiligen Grabe einen Kalvarienberg mit einer Kirche erbauen, welches Werk mit einem Aufwande von fl. 80.000 im Jahre 1714 vollendet war.

Dornbach gehört zu den ältesten Ansiedlungen von Wiens Umgebung; seinen Namen erhielt es nach Einigen von dem Doringinbach (auch Dornbach), der hier dem Alserbach zufloss, nach Anderen von dem keltischen terrán (Hügel), an welches das Wort Bach gefügt wurde.

In diesem Thale soll Abt Adelranm von St. Peter in Salzburg um das Jahr 650 dem heiligen Rupert eine Zelle gestiftet haben, deren im Jahre 852 neuerlich Erwähnung geschieht. Das Stift St. Peter erbaute auch im Jahre 1159 eine Kirche, welche aber vom Jahre 1540—1701 unbesetzt blieb und die im Laufe der Jahre mannigfache Renovierungen und Umbauten erfuhr.

Dornbach und Neuwaldegg gehörten zu den beliebtesten Sommerfrischen der Wiener, welchen sie auch ihr Gedeihen verdanken.

Der „Neuwaldecker-Hof" wurde im Jahre 1537 zum Freihofe erhoben. Gräfin Margaretha v. Strattman, Baron Josef Bertolotti und schliesslich Feldmarschall Graf Lacy, der das Gut durch Kauf an sich brachte, verschönerten und vergrösserten diesen Besitz. Letzterer legte den prachtvollen Park an, zu welchem auch die Area des von ihm angekauften und demolierten Schottenhofes, sowie ein ihm von Kaiser Josef geschenkter Wald, verwendet wurden.

Die Kosten der Anlage beliefen sich auf über eine halbe Million Gulden.

Die Westbahn-Linie.
(Text: Seite 60.)

In der Nähe befindet sich auch das eine prachtvolle Fernsicht bietende Holländer-Dörfl (Hameau), welches dem Feldmarschall Grafen Lacy viel zu verdanken hat.

DER XVIII. BEZIRK.

Der XVIII. Bezirk (Währing) umfasst die bisherigen Ortsgemeinden: Neustift a. Walde, Pötzleinsdorf, Gersthof, Weinhaus, Währing und den einbezogenen Theil von Salmannsdorf.

Im Jahre 1293 erscheint bereits eine „St. Gertrudskapelle in Werich". Nach Währing waren viele Jahre hindurch Neustift, Weinhaus, Gersthof, Pötzleinsdorf, Thury und Liechtenthal eingepfarrt.

Im 11. Jahrhunderte war die Gegend zu Werich, welche auch „im Werdern", „im Werk", „im Gewering" hiess, im Besitze des salzburgischen Stiftes St. Michelbeuern. Die Kirche zu Währing wurde um das Jahr 1365 gestiftet. Ihr Thurm stammt aus dem Jahre 1528, jedoch wurde dieser 1753 renoviert, die Kirche umgebaut, und im Jahre 1858 der alte Thurm abgebrochen und durch einen Neubau ersetzt.

Die dortigen Ansiedlungen wurden 1485 durch Mathias Corvinus, sowie 1529 und 1683 durch die Türken zerstört. Erst in diesem Jahrhunderte konnte sich Währing immer mehr zu dem blühenden Gemeinwesen entwickeln, welches dasselbe zur Zeit der Vereinigung mit Wien besass.

Weinhaus verdankt den Weingärten, seine Entstehung, welche in dieser Gegend vortrefflichen Wein liefern.

Da sich in dieser Gegend sehr viele Weinkeller befanden, bei welchen sich nach und nach die Winzer ansiedelten, dürfte die erste Ansiedlung ein „Weinhaus" gewesen sein, wovon die spätere Ortsbezeichnung stammt.

Bereits im Jahre 1314 kommt urkundlich ein **Marquard von Weinhaus** vor.

Ein Hügel, welcher die nördliche Wand jenes Hohlweges bildet, in dem Weinhaus und Gersthof liegen, führt von den Verschanzungen, welche die Türken 1683 hier anlegten, den Namen Türkenschanze. Er beginnt bei der ehemaligen Nussdorfer Linie, bildete vor seiner theilweisen Nivellierung bei Döbling eine steile aufstrebende Höhe, welche sich bis hinter Pötzleinsdorf fortzieht. Auf dieser Türkenschanze wurde in unseren Tagen ein prachtvoller Park angelegt, bei dessen Eröffnung unser Kaiser Franz Josef I. jene denkwürdigen Worte sprach, welche die Hinausschiebung der Verzehrungssteuer-Grenze, die Auflassung der Linienwälle und die seit dem Bestehen der Stadt grösste Erweiterung Wiens im Gefolge hatten.

Am 10. Mai 1890 erschien das Reichsgesetz (R.-G.-Bl. Nr. 78), womit die Erweiterung des Verzehrungssteuer-Gebietes und die administrative Vereinigung der Vororte mit Wien, zu einer Gemeinde geregelt wurde. —

Gersthof soll seinen Namen einem grossen Bauernhofe verdanken, dessen Besitzer Gerstler hiess. Im Jahre 1455 kam der „Gersthof" dessen bereits 1444 urkundlich erwähnt wird, zu dem Stifte St. Dorothea in Wien.

Die Kirche wurde im Jahre 1736 von dem Hofkriegsrath Liedl von Schwanau gestiftet.

Pötzleinsdorf ist sehr alter Entstehung. Die Herren von Becelinnsdorf waren im Gefolge der in die Ostmarck ziehenden Babenberger und erbauten sich hier eine Burg. Bereits im Jahre 1130 wird eines Ritters Störenfried von Beelinnsdorf Erwähnung gethan. Als dieses Geschlecht ausstarb, wurde die Burg ein Freihof, und das Dorf „Pötzleinsdorf in der Hagenau" genannt.

Das Kloster zur Himmelspforte erbte im Jahre 1683 den Ort von der Witwe Jacobine Pestaluzi und gründete die Kirche, welche aber schon 1716 umgebaut wurde.

Die Lerchenfelder Linie.
(Text: Seite 60.)

Auch Salmansdorf ist sehr alten Bestandes Es erscheint urkundlich bereits im Jahre 1136 und soll von dem Besitzer des sogenannten Herrenhauses, Salman (Salomon), seinen Namen erhalten haben.

DER XIX. BEZIRK.

Der XIX. Wiener Bezirk (Döbling) besteht aus den früher selbstständig gewesenen Gemeinden: Nussdorf, Ober- und Unter-Döbling, Heiligenstadt, Ober und Unter-Sievering, aus der Katastral-Gemeinde Josefsdorf und dem einbezogenen Theile der Gemeinden Kahlenbergerdorf, Grinzing und Weidling.

Die Burggassen-Linie.
(Text: Seite 60.)

„Aus unserer Vaterstadt."

Nussdorf, schon 1170 urkundlich bekannt, verdankt sein Aufblühen dem Stromgewerbe und dem vorzüglichen Wein, der schon seit der Römerzeit hier und in der nächsten Umgebung gebaut wird. Dieser letztere Umstand veranlasste mehrere Klöster, hier Höfe und Keller anzulegen, und 15 der ansehnlichsten Höfe wurden später als Freihöfe erklärt und bildeten eigene Grundherrschaften.

Auch Nussdorf hatte in früheren Jahren durch Krieg und Ueberschwemmung viel zu leiden.

Prokop, der Hussiten-Führer, beschoss 1428 die kleine Gemeinde, Fronauer plünderte sie, 1529 und 1683 wurde sie von den Türken zerstört.

Die günstige Lage brachte immer wieder das Dorf empor, und im Jahre 1783 wurde es von Heiligenstadt getrennt und zur Pfarre erhoben. Auch bei den französischen Einfällen (1805 und 1809) litt Nussdorf bedeutend.

Einen wesentlichen Einfluss auf die Entwicklung Nussdorfs hatte die Bildung des sogenannten Wiener Kanales im Gefolge. Ueber Vorschlag des Freiherrn von Hoyos wurde zu Ende des 16. Jahrhunderts von der Brigittenau ein Sparrwerk „der Sporn" in den Hauptstrom hinausgebaut, um das Wasser zu fangen, auf welche Weise unter gleichzeitigen, erfolgreichen Baggerungen der jetzige Wiener Donau-Kanal hergestellt wurde.

Nussdorf wurde dadurch gewissermassen der Hafen von Wien, und auch die „Werder Vorstadt" hatte hievon mannigfache Vortheile. Allerdings versandete dieser Kanal allmälig und bereits 1790 trat die Nothwendigkeit heran, den Sporn behufs Abfangens einer grösseren Wassermasse weiter hinauszubauen. Seitdem wurden wiederholte Verbesserungen und Schutzvorrichtungen durchgeführt, die in der Aufstellung des Engerth'schen Sperrschiffes bei Nussdorf und in der grossartigen Donauregulierung ihren Abschluss fanden.

Die Nussdorfer Kirche wurde im Jahre 1787 erbaut.

Döbling wurde durch den Krotenbach in Ober- und Unter-Döbling getheilt, welch letzteres der ältere Theil ist. Der Ort hiess ursprünglich Töplich (auch Topelick), seine Besitzer waren die Herren von Topelicz, deren Namen seit dem Jahre 1114 wiederholt in Urkunden vorkommen und im Laufe des 15. Jahrhunderts verschwinden.

Döbling kam nach ihnen an das Dominikaner-Kloster in Tulln und nach dessen Auflösung an den Religionsfonds. Im Jahre 1484 durch die Scharen des Mathias Corvinus theilweise zerstört, erholte sich Döbling in den folgenden Jahren, wurde jedoch 1529 von den Türken grösstentheils niedergebrannt. Döbling kam nun derart herab, dass es, noch 15 Jahre später, keinen Geistlichen erhalten konnte und nach Währing eingepfarrt wurde. Nur langsam entwickelte es sich, und als bis zum Jahre 1683 endlich eine Häuserzeile erstanden war, kamen die Türken und brannten fast Alles nieder. Erst als 1760 sich der Feldmarschall Daun hier ein Landhaus baute und einen Park anlegte, welchem Unternehmen die Grafen Wrbna und Firmian folgten, und als 1784 die Anlagen des Herrn von Henickstein

Die Hernalser Linie.
(Text: Seite 62.)

hier entstanden, kam Döbling empor. Schon 1780 wurde es zur Pfarre erhoben; es wurde ein k. k. Lustgarten und ein Theater erbaut, und viele Jahre hindurch war das Casino Zögernitz das Ziel für die vornehmen Wiener Ausflügler, die sich immer mehr in Döbling anzusiedeln begannen, so dass es bald, nach Hietzing, zu der fashionabelsten Sommerfrische der Residenz gezählt wurde.

Die Währinger Linie.
(Text: Seite 62.)

Heiligenstadt gehört zu den ältesten Dörfern Oesterreichs. An seinen Geländen soll Kaiser Probus die ersten Reben haben setzen lassen, und um das Jahr 500 hatte sich hier (*ad vineas*) der heilige Severin niedergelassen und ein kleines Kloster erbaut. Die Zelle dieses frommen Mannes war bald das Wallfahrtsziel des Landes. Er versammelte eine Anzahl Schüler um sich, die durch ihren Lebenswandel den Ruf der Heiligkeit erwarben, so dass in späterer Zeit die Ortschaft Heiligenstadt genannt wurde.

Die Gräuel der Völkerwanderung verwüsteten auch diese heilige Stätte, und erst unter den Babenbergern begegnen wir derselben wieder. Adalbert, der Siegreiche erbaute eine Kirche zum heil. Michael, welche Leopold der Schöne vergrösserte. Schon im Jahre 1246 führte dieser Ort den Namen *Sanctus locus*, wurde von Klosterneuburg getrennt und zur Pfarre erhoben. Immer blühender gestaltete sich sein Gemeinwesen, und zu Beginn des XV. Jahrhunderts wurde Heiligenstadt als Urbicula (kleine Stadt) bezeichnet.

Mehr als die benachbarten Gemeinden litt Heiligenstadt durch die Soldatesca des Math. Corvinus und durch die Scharen der Türken in den Jahren 1529 und 1683.

Noch zu Beginn dieses Jahrhundertes stiessen Arbeiter in den Weinbergen auf zahlreiche, ausserhalb der Ortschaft gelegene Grundmauern, welche am Besten deren ehemalige Ausdehnung und Grösse bezeugen.

Die Kirche zu St. Michael wurde urkundlich im Jahre 1534 wieder hergestellt.

In Heiligenstadt befand sich auch das berühmte Etablissement „Kugler Park", welches in den 40er und 50er Jahren zu den besuchtesten Vergnügungslocalen der Wiener gehörte.

Grinzing ist aus dem Edelsitze der Herren von Gründsing entstanden, welches Geschlecht bereits im 12. Jahrhunderte vorkommt.

Rüdiger von — nach der späteren Schreibweise — Grinzing starb, vermuthlich als letzter seines Stammes, im Jahre 1350. Diese Ortschaft verdankt dem Weinreichthum der Gegend ihre Entwicklung. Bereits im Jahre 1426 war die Gemeinde in der Lage, sich eine Kirche zu erbauen.

Die Einfälle der Türken schadeten auch Grinzing; doch war der Verlust von 104 Häusern, welche durch die Feuersbrunst des Jahres 1604 zerstört wurden, viel empfindlicher, als die Brandschatzungen der Osmanen und der Franzosen.

Weidling verdankt sein Entstehen und seinen Namen den Herren von Widenich, Ministerialen der Babenberger; es hat keine interessanten Schicksale aufzuweisen.

Die Kirche entstand aus einer im Jahre 1407 gegründeten Kapelle und wurde im Jahre 1783 zur Pfarre eingerichtet.

Sievering verdankt dem heiligen Severin, der auch hier längere Zeit gelebt hatte, sein Entstehen und seinen Namen. Er soll hier eine Kirche erbaut haben, deren Ueberreste noch vor circa 200 Jahren vorhanden waren.

Im Jahre 1156 erscheint Sievring noch im Besitze der Brüder Ulrich und Rüdiger von Sievring.

Die Nussdorfer Linie.

Erst im Jahre 1528 taucht es wieder urkundlich auf, und erscheinen die Herren von Ebersdorf als die Lehensherren des Dorfes. Im Jahre 1683 wurde es zwar zerstört, doch erscheint schon im Jahre 1685 ein Datum im Pfarrbuche — aus diesem Jahre stammt die Glocke — woraus geschlossen werden kann, dass sich der Ort sehr rasch wieder erholt hatte. Später gehörte Unter-Sievering der Karthause zu Gaming, Ober-Sievering den Kamaldulensern auf dem Kahlenberge.

Die ehrwürdige Kirche wurde im Jahre 1330 durch Umformung des älteren Baues vollendet.

Das Kahlenbergerdörfel, am Fusse des Leopoldsberges gelegen, war vom 12. bis zum 14. Jahrhunderte der Sitz des edlen Geschlechtes „de Chalwenperg". Es war damals ein bedeutender Ort, welcher im Jahre 1482 noch „Oppidum" (Stadt) genannt wurde. Die Donau und die Türken waren seine ärgsten Feinde, beide raubten ihm Grund, Häuser und Mauern.

Hier soll auch Wigand von Theben Pfarrer gewesen sein, welcher im 14. Jahrhundert als „Pfaff vom Kahlenberg" durch seine lustigen Schwänke Aufsehen erregte und sich damit eine bleibende Stelle in der Literaturgeschichte errang.

Der Kahlenberg, früher Schweinsberg ist der ausgedehnteste, jedoch nicht höchste Gipfel des Kahlengebirges, des classischen *mons cetius* und war bis zum XVII. Jahrhunderte unbewohnt.

Im Jahre 1628 kaufte Kaiser Ferdinand diesen Berg, der von nun an Josephsberg hiess, von dem Klosterneuburger Stift, um auf demselben den Kamaldulensern eine Heimstätte zu bieten. Das confiscierte Vermögen des Kölner-Rebellen Struncheda per fl. 36.000, bestimmte der Kaiser als Stiftungscapital. Die anfängliche Einsiedelei wurde 1636 zum Priorate erhoben und 1639 der Bau, welcher zwei Einsiedlerzellen umfasste, vollendet. Durch reiche Schenkungen konnte die Kirche bedeutend vergrössert werden, welche jedoch sammt dem Kloster 1683 durch die Türken vernichtet wurde. Nach Abzug der Türken von Wien neuerdings, jedoch nicht in seiner früheren Ausdehnung, aufgebaut, wurde das Kloster im Jahre 1781 aufgehoben und die Kirche entweiht. Die Zellen gelangten als Baustellen zum öffentlichen Verkaufe. Fürst de Ligne, welcher hier Grundstücke erworben hatte, trug am meisten zur Verschönerung und Zugänglichmachung des Berges bei. Schon im Jahre 1783 wurde die Kirche zum heiligen Joseph wieder eingeweiht; neues Leben entstand in dieser früher so vereinsamten Gegend, ein Gasthaus — Casino genannt — wurde errichtet, welches starken Zuspruch seitens der Wiener Ausflügler hatte, und 50 Jahren nach der Wiedereinweihung der Kirche stand hier bereits ein Dorf, Josephsdorf, welches gegen 30 Häuser zählte.

In jüngster Zeit, seit die Communication durch die Zahnradbahn erleichtert wurde, baute sich mancher Wiener auf dem Kahlenberge seine Villa. Findet sich doch nicht leicht ein schönerer Punkt in unserer herrlichen Vaterstadt, auf dem sich so viel Wünschenswerthes angenehm einte: Die frische und erfrischende Höhenluft, prächtige, schattenreiche Spaziergänge in uralten Forsten, der interessante Rückblick in die wechselvolle Vergangenheit des Ortes und die herrliche Weitsicht über das grosse Wienerbecken, die endlose Stadt, den silberblitzenden Strom und die lachenden Gelände — die sich an das sicherlich nicht unbedeutendste, gewiss aber das herrlichste Wahrzeichen Wiens — an den Kahlenberg schmiegen.

„Kahlenberg" so hiess bis 1694 der lang hingedehnte Bergrücken, der dicht an der Donau aufsteigend, sich weit in's Land hinein erstreckt.

Die Höhe des heutigen Leopoldsberges gehört zu den ehrwürdigsten Stätten unseres Vaterlandes.

An dieser Stelle erbaute um das Jahr 1101 Leopold, der Heilige eine Burg zwischen rauschenden Wäldern.

Der fromme Graf wollte von da aus die Marken seines Landes überblicken und behüten können. 1106 war der Bau vollendet und übersiedelte Leopold dahin. Hier verlebte auch Kaiser Konrad III. seine Jugendzeit, und von dieses Schlosses Söller entführte der Abendwind der Markgräfin Agnes Schleier, dessen Fund die Ursache zur Gründung Klosterneuburgs wurde.

Von hier aus überblickte man all die Ortschaften, die an der Niederung lagen, die einst unter römischer Herrschaft standen, die Unruhen der Völkerwanderung überdauert hatten und nun wie das alte Vindobona, das babenbergische Vienne, unter dem Schutze des Markgrafen prächtig gediehen.

Auch der erste Herzog Österreichs, Heinrich Jasomirgott, lebte in diesem Hochsitze, ehe er seine Burg zu Wien erstehen liess.

Im Jahre 1230 bezog Theodora, die Witwe Leopold VII. des Glorreichen die alte Markgrafenburg, welche nach ihrem Tode dem Stifte Klosterneuburg zufiel.

Selbes war nicht lange in dessen Besitz.

Markgraf Hermann von Baden glaubte berechtigte Ansprüche auf das Schloss der Babenberger zu haben, bemächtigte sich desselben und hatte es bis zu seinem Tode (1250) inne, worauf es der Landesfürst einzog und längere Zeit hindurch von Vögten verwalten liess.

Noch einmal, in trüber Zeit, sah es einen österreichischen Fürsten in seinen Mauern, als Albert I., Rudolfs Sohn, darin als Flüchtiger Schutz suchte.

Albrecht mit dem Zopfe, liess 1344 die kostbaren Marmorbilder und die werthvollen Einrichtungsstücke des Schlosses nach Lachsenburg bringen. Schloss und Kirche verfielen.

Albert V. stellte zwar 1431 die Kapelle wieder her, in welcher zwei Jahrhunderte zuvor acht Kapellane thätig gewesen, und auch die Burg wurde wieder bewohnbar gemacht, doch während des Bruderkrieges zwischen Albert und Friedrich wurde es 1462 von den Wienern überfallen und in Brand gesteckt.

Die von Kaiser Friedrich wieder neu befestigte Burg wurde 1477 und 1483 von Mathias Corvinus erobert.

Am 22. September 1529 wurde sie gesprengt, um den Türken in ihr einen festen Punkt zu nehmen. Einzelne „hohe Warten" entgiengen aber dieser Zerstörung, bis auch diese auf Befehl Kaiser Ferdinand I. gesprengt wurden.

Partie aus dem XIII. Bezirke. — Die Lainzerstrasse.

Einem Gelübde Kaiser Leopolds, das er zur Pestzeit that, verdankte die Kapelle ihre Wiedererbauung, welche 1640 zu Stande kam.

Seit dem 17. Jahrhunderte heisst die Höhe, welche ehemals unter dem Namen Kahlenberg bekannt war, Leopoldsberg.

Die Bezeichnung „Kahlenberg" verblieb nur der zweiten Kuppe.

So war zwar wieder die Kirche, nicht aber das Schloss neu erstanden. Erst der prachtliebende Kaiser Karl VI., dem Wien eine grosse Anzahl der herrlichsten Monumental-Bauten verdankt, baute Schloss und Kirchlein nach einem neuen Plane um, und diese Gestalt ist ihnen bis heute, wenigstens theilweise, erhalten geblieben.

Fürst von Ligne, der zu Beginn dieses Jahrhunderts das Schloss bewohnte, liess die Terasse erbauen, von der aus man mehr als den vierten Theil Nieder-Österreich zu überblicken vermag, denn bis an die Grenzgebirge Ungarns, der Steiermark, Mährens und weit über das Marchfeld hin wandert von ihr aus ungehindert der Blick.

Am 12. September 1683 las, angesichts des Türkenheeres das rings um Wien lagerte, der berühmte Mönch Markus Avianus, für die Entsatzarmee in der Kapelle des Leopoldsberges eine Messe, bei der König Sobiesky ministrierte, und nach welcher die zahlreichen Fürsten das heilige Abendmahl nahmen. Nach diesem Gottesdienst, während dessen das rothe Banner mit dem weissen Kreuze auf dem Gipfel des Berges wehte, begann der für die Christenheit so wichtige und siegreiche Kampf, in welchem ein König, zwei Erzherzoge, 10 Herzoge (darunter der neunzehnjährige Eugen von Savoyen), drei Markgrafen, ein Landgraf und vier Reichsfürsten ihre muthigen Scharen gegen die Türken führten.

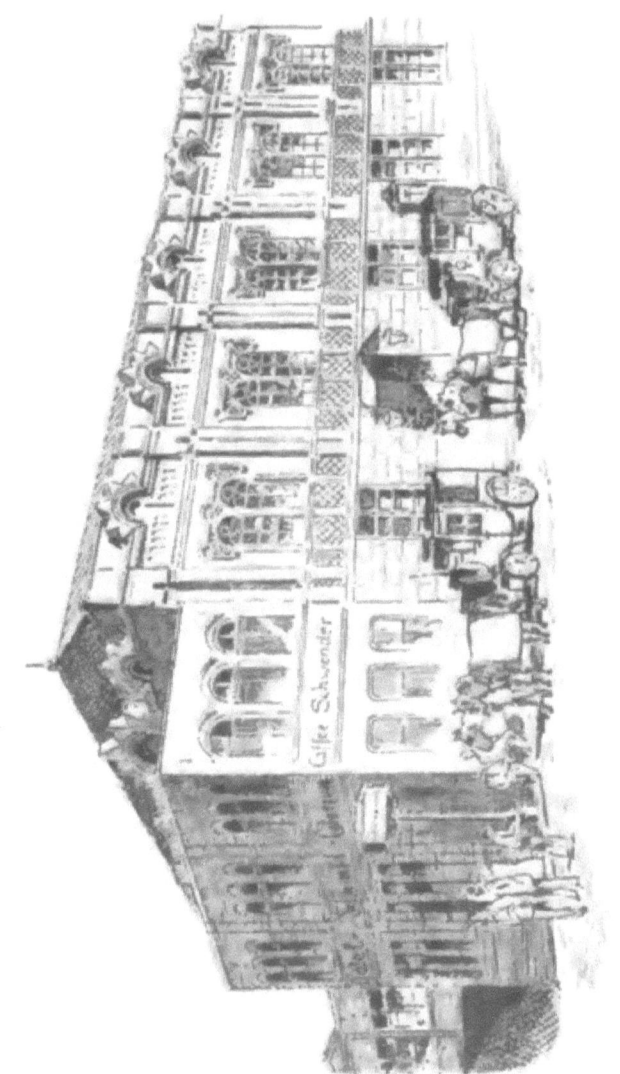

Partie aus dem XIV. Bezirke. — Das Vergnügungs-Etablissement: Der Schwender.

BILDUNG DES WIENER BODENS.

Die neuesten, geologischen Forschungen haben ergeben, dass vor ungezählten Jahrtausenden die Centralkette der Alpen und die Karpathen auch in der Strecke von Gloggnitz bis Pressburg miteinander verbunden waren, und dass dieser Theil der Alpenkette später in Folge mächtiger Naturereignisse in die Tiefe gesunken ist.

Noch heute lässt sich die Bruchlinie dieses Gebirgseinsturzes von Gloggnitz bis über Nussdorf hinaus leicht erkennen.

Da zu jener Zeit die nördliche Hälfte unserer Halbkugel weithin von der See bedeckt war, so wurde der in Folge des Gebirgseinsturzes entstandene, riesige Kessel vom Meerwasser ausgefüllt. Es bildete sich an der Stelle des heutigen Wien ein Meerbusen, dessen Wasserspiegel, wie die eingehenden Forschungen von Fachleuten erwiesen, beiläufig 730 Fuss hoch über dem gegenwärtigen Pflaster des Stephansplatzes, also 300 Fuss über der Spitze des Stephansthurmes gelegen war.

Dieser Absturz der Alpen bei Wien hatte das Auftreten einer langen Reihe von warmen Quellen längs einer bestimmten Linie im Gefolge, welche die Thermalspalte oder die Linie der Thermen genannt wird. Diese Linie läuft genau an dem Absturze des Gebirges hin, und ist das Entstehen der Thermen von, beispielsweise: Vöslau, Baden, Mödling, Mauer, Meidling und Deutsch-Altenburg auf dieses gewaltige Ereignis zurückzuführen.

Die nächste Folge des Absturzes, beziehungsweise des Versinkens der Gebirgskette und des Eindringens vom Meerwasser war, dass eine grosse Anzahl hier bisher fremder Thiere in die neugebildete Meeresbucht eindrang.

Mit wilder Gewalt schlug die salzige Fluth an die neugefundenen Ufer, denen sie wohl im Laufe der Zeiten arg zusetzte doch aber nicht sie zu durchbrechen vermochte.

Jede Welle sank nach halbvergeblichem Kampfe in den Schoss der gierigen See zurück, aber — mit ihr sank das abgespülte, zerbröckelnde Gestein in die Tiefe, und unzählige unterwaschene Blöcke folgten ihm.

So kam es, dass das grobe, schwere Material sich an der Küste ablagerte, während das leichtere Geröll, Sand und Pulver von der Strömung fortgeschwemmt, weit draussen erst, auf dem flachen Seeboden, zur Ruhe kam und — dichten Schlamm bildend — Milliarden von Thierleichen begrub, welche nach und nach im Kampfe um's Dasein unterlegen waren.

Jetzt, da es uns möglich ist, diesen ehemaligen Meeresboden zu untersuchen, gewahren wir an seiner einstigen Küste grobe und feinere Sandsteine, mehr gegen die Ebene zu — d. i. in dem tiefsten Theil des gewesenen Meeres, mächtige Thon- und Tegellager, welche dicht von maritimen Thierresten durchzogen sind und uns ein deutliches Bild des Kampfes geben, welchen vor tausenden Jahren gewaltige Naturkräfte hier geliefert. Die organischen Überreste aber, welche sowohl im Gestein, als in den Thonlagern, in oft staunenswerter Vielheit gefunden werden, stimmen der Hauptsache nach so vollständig mit den heute noch im Mittelmeere lebenden Typen der Thierwelt überein, dass man diese Ablagerungen mit Recht die „Mediteranstufe des Wiener Beckens genannt hat. Ihre ausgezeichnetsten Vertreter sind der Tegel von Baden und der als Baustein rühmlichst bekannte Leithakalk.

Partie aus dem XVI. Bezirke.
Die Katharinen-Ruhe im Liebhartsthale.

An den Ufern der erwähnten Meeresbucht hatten in jenen Zeiten, als in Mitteleuropa noch eine viel höhere Temperatur als jetzt herrschte, Herden von Elephanten, Nashörnern, Mastodonten, Antilopen und anderen Thieren gelebt, welche heute entweder ausgestorben sind oder nur mehr in der südlichen Zone gedeihen.

Zahlreiche Knochenreste solcher Thiere wurden in diesem und in früheren Jahrhunderten in den angeschwemmten Sand-, Schotter- und Lehmschichten aufgefunden.

Doch, wie Alles auf Erden einer Veränderung unterliegt — so auch jenes Meeresleben.

Die alte Verbindung mit dem Mittelmeere, welches seine Fluten mit jenen des mitteleuropäischen Inselreiches mischte, hörte nach und nach auf, und ein Sinken des Landes nach Osten hin führte neue Wasser in unsere Bucht. Auch sie waren salzig, doch von sehr niedriger Temperatur, so dass sich nur die kräftigeren Arten der Mittelmeer-Fauna behaupten konnten. Sie und die wenigen, aber nach ihrer Zahl reichlich vertretenen, in dem neuen Meere heimischen Thiere belebten von da an das Wienerbecken.

Da dieselben physikalischen Verhältnisse herrschten, wie vorher, ergab es sich auch wieder, dass in der neuen See ähnliche Ablagerungen stattfanden, wie zur Zeit des warmen Meeres, und so finden wir über den Leithakalken, über den Sandsteinen und Conglomeraten aus der ältesten Zeit und über dem Tegel von Baden, jüngere Thonlager, alle aber gleichfalls erfüllt von den Resten einer untergegangenen Thierwelt.

Weil das neue Meer diesmal von Osten hergekommen war, wird diese Ablagerung die sarmatische Stufe des Wienerbeckens genannt.

Ihre Hauptrepräsentanten sind: der Tegel von Hernals und Nussdorf, sowie die Sandsteine von Atzgersdorf und der Türkenschanze.

* * *

Nachdem unvordenkliche, tellurische Ereignisse im Allgemeinen das Fallen der Meere auf unserer Halbkugel bedingten, fiel auch der Wasserspiegel im Wiener Becken um einige hundert Meter.

Es blieb sohin nur mehr der tiefst gelegene Theil des Wiener Bodens mit Meerwasser bedeckt.

Die mächtig zuströmenden Wasser der in dieses Meeresbecken einmündenden Flüsse — der späteren Donau, March, Wien etc., sowie die atmosphärischen Niederschläge versüssten im Laufe der Zeiten die zurückgebliebene Salzfluth, und aus der ehemaligen Meeresbucht entstand ein grosser Süsswassersee.

Der eben erwähnten Epoche folgte jene, welcher wir die Congerienstufe des Wienerbeckens verdanken.

Man nennt diese Anschwemmungsstufe deshalb so, weil in ihr am häufigsten von allen Thierformen Congerien, d. s. Miesmuscheln gefunden werden.

Die deutlichsten Repräsentanten dieser Periode sind der Tegel von Inzersdorf und der Sandstein von Gumpoldskirchen.

Da die Miesmuschel im Süsswasser lebt, wie ihre nahen Verwandten in den stehenden Gewässern des Praters beweisen, muss aus ihrem Vorkommen geschlossen werden, dass sie zu einer Zeit im Wienerbecken lebten, in welcher das Salzwasser seines Meeres durch das Zuströmen von Flüssen, wie, der Donau, der March etc., und durch die Niederschläge bereits brackisch oder wohl gar schon süss geworden war.

**Partie aus dem XVII. Bezirke.
Das Gasthaus zur güldenen Waldschnepfe.**

In der langen Zeit, während welcher die Thalebene von Wien durch diesen Süsswassersee ausgefüllt war, wurden an dessen Ufern, sowie auf dem Grunde des Seebeckens gewaltige Schichten von Tegel, Sand, Löss und Schotter abgelagert.

Die fortgesetzten Einführungen dieser mineralischen Schwemm-Massen, welche sich auf dem Boden des Sees ablagerten, erhöhten ersteren; die aus den früher genannten Flüssen in den See eingedrungenen Wassermassen suchten jedoch einen Abfluss und stürzten durch die zwischen Hainburg und Theben befindliche Bodeneinsattelung in das südöstlich gelegene, ungarische Seebecken. Auf ihrem Wege bildeten sie, wie die Forscher als ziemlich erwiesen annehmen, einen mächtigen Wasserübersturz.

Die Erhöhung des Seebodens einerseits, und die Senkung des Wasserspiegels in Folge des geschilderten Wasserabflusses andererseits, bedingten, dass der das Wienerbecken ausfüllende See nach und nach verschwand.

An seiner Stelle verblieb ein unübersehbarer Morast. Unsäglich öde und trostlos mag damals der heute so abwechslungsreiche und reizende Boden unserer Heimat ausgesehen haben!

Da nahm sich unsere liebe, alte Donau seiner an; sie war es, welche mit Hilfe ihrer Nebenflüsse aus dem Gletschergebiete der Alpen, im Laufe der Jahrtausende, gewaltige Massen zertrümmerten Urgesteines herbeischaffte, mit welchen sie den Sumpfboden überdeckte und ihn nach und nach fähig machte, die prachtvollen Urwälder zu tragen, welche ihn später bedeckten. So trug der herrliche Strom unermüdlich den Boden herbei, auf welchem unsere Vaterstadt entstand, und mit Zuhilfenahme von ein wenig Phantasie könnte man die Zuneigung, welche die Bewohner von Tirol, Ober- und Unterösterreich seit jeher für Wien bekundeten und welche wir im reichlichsten Masse erwidern, darauf zurückführen, dass wir im strengsten Sinne des Wortes auf dem Boden ihrer Länder leben.

Aus dem Gesagten ist zu entnehmen, dass unsere Vaterstadt auf einem Terrain erbaut ist, welches in geologischer Beziehung zu den interessantesten Formationen gehört. Tief im Grunde: das eingesunkene Kalkgestein der Alpen, auf demselben: die gewaltige Anschwemmung der einstigen Meeresbucht und des Süsswassersees und darüber: die Alluvionen der Donau.

Das Austrocknen des ehemaligen Meeresbodens im Wiener Becken hatte naturgemäss ein Schwinden des Materiales zur Folge.

Die abgelagerten Schichten rissen, sanken stufenweise und da sich die natürlichen Böschungswinkel veränderten, bildeten sich manigfache Überschiebungen. Aus diesem Grunde erhielt der ehemals fast horizontale Meeresboden ein anderes Relief, welches — durch die Gewalt der in der Diluvialzeit hereinbrechenden Gletscher, und die mit verschiedenerlei Gestein beladenen, hereinbrechenden Eismassen — einschneidende Zerstörungen erlitt.

In der Tertiärzeit, d. h. in jener Zeit, in welcher das kalte Meerwasser unsere Bucht erfüllte, in jener Zeit also, welcher die sarmatische Stufe des Wienerbeckens angehört, war die Erde noch nicht von Menschen bewohnt, wenigstens konnte deren Dasein während jener Periode, bis jetzt noch nicht nachgewiesen werden. Das Vorhandensein von Menschen in der Diluvialperiode ist jedoch bereits nachgewiesen, nur vermag man nicht anzugeben, auf welcher Stufe der Cultur sie sich befanden. Dass Menschen aus dieser Zeit wenigstens in der Nähe des heutigen Wien gelebt haben, ist durch die Entdeckung, welche man in einer Schottergrube bei Leobersdorf machte, erwiesen. Auf der Sohle dieser Grube fand man auf Tertiärboden, Schotter und Knochen aus der Diluvialzeit und darin menschliche Überreste in Gesellschaft von Thierfragmenten aus derselben Periode.

Haben wir aber einmal das Vorhandensein von Menschen constatiert, so gelangen wir auch bald zu der historischen Zeit.

In dieser haben schon Menschenkräfte so manches dazu beigetragen, die Verhältnisse des Wienerbodens zu verändern.

Es ist nicht ausgeschlossen, dass bereits die Urbewohner Wiens durch die Vornahme von Befestigungen ihres Wohnortes eine Veränderung des Terrains bewirkt haben, und dass ihre Nachfolger, die Römer, durch Anlage von Strassenzügen und Bauten die damalige Configuration des Bodens beeinflussten, ist geschichtlich beglaubigt.

Die mehrmalige, nachgewiesene Veränderung der Läufe jener Flüsse, welche das Wiener Becken durchzogen, allen voran die Veränderlichkeit des Donaulaufes und die verheerenden Überschwemmungen und Anschwemmungen, welche jene im Gefolge hatte, die mehrmaligen Befestigungen, Abholzungen der Wälder und ihre Consequenzen, trugen sicherlich auch dazu bei, den Boden von Wien und dessen Umgebung anders zu gestalten.

In dem alten Wien verursachten die, vom 13. bis ins 16. Jahrhundert bestandenen, zahlreichen Sand- und Lehmbrüche, welche für die schwunghaft betriebene Ziegelfabrikation nöthig waren, eine wesentliche Terrainveränderung.

Diese Ziegeleien befanden sich vornehmlich an beiden Seiten des Wienflusses, reichten aber auch von Gumpendorf bis zur Laimgrube, ja bis zur Als, und vom Hundsthurm über die Wieden bis an die Glacis. Die tiefsten Spuren dieser Lehmgewinnung finden sich auf dem Getreidemarkte und in der terrassenförmig aufsteigenden Kothgasse (Gumpendorferstrasse).

Überdies gibt es im ganzen Wienerbecken, auch in der nächsten Umgebung der Stadt, ja im neuerstandenen Wien selber eine grosse Anzahl seit alten Zeiten bebauter Erd- und Steinbrüche, welche eine bedeutende Veränderung des Bodens mit sich brachten. Soweit diese Veränderung auf die Erweiterung Wiens Einfluss nahm oder diese Erweiterung im Gefolge hatte, geschah ihrer schon in dem Haupttheile dieser Schrift Erwähnung.

Partie aus dem XIX. Bezirke.
Der Leopolds- und Kahlenberg.